SETE MESTRES, UM CAMINHO

John Selby

SETE MESTRES, UM CAMINHO

Segredos de Meditação dos Maiores Mestres do Mundo

Tradução
GILSON CÉSAR CARDOSO DE SOUSA

EDITORA PENSAMENTO
São Paulo

Título original: *Seven Masters, One Path.*

CD de meditação:
Voz de Odair Zanella.
Edição de som de Rogério Ávila.

Dados Internacionais de Catalogação na Publicação (CIP)
(Câmara Brasileira do Livro, SP, Brasil)

Selby, John, 1945-
Sete mestres, um caminho : segredos de meditação dos maiores mestres do mundo / John Selby ; tradução Gilson César Cardoso de Sousa. — São Paulo : Pensamento, 2004.

Título original : Seven masters, one path
Bibliografia.
ISBN 85-315-1372-3

1. Meditação 2. Meditação — Uso terapêutico I. Título.

04-7116 CDD-291.43

Índices para catálogo sistemático:

1. Meditação : Religião comparada 291.43

O primeiro número à esquerda indica a edição, ou reedição, desta obra. A primeira dezena à direita indica o ano em que esta edição, ou reedição, foi publicada.

Edição	Ano
1-2-3-4-5-6-7-8-9-10-11	04-05-06-07-08-09-10-11

Direitos de tradução para o Brasil
adquiridos com exclusividade pela
EDITORA PENSAMENTO-CULTRIX LTDA.
Rua Dr. Mário Vicente, 368 — 04270-000 — São Paulo, SP
Fone: 6166-9000 — Fax: 6166-9008
E-mail: pensamento@cultrix.com.br
http://www.pensamento-cultrix.com.br
que se reserva a propriedade literária desta tradução.

Impresso em nossas oficinas gráficas.

Sumário

AGRADECIMENTOS

Eu gostaria de agradecer, humildemente, aos mestres contemporâneos a seguir, que não pouparam seu tempo para me apontar o caminho rumo a uma compreensão mais profunda do processo de meditação e que também aventaram idéias espirituais específicas que agora fazem parte deste livro: Alan Watts, Krishnamurti, Richard Alpert, Rebecca Oriard, Bill Gearhart, Rollo May, Humphrey Osmond, Thakin Kung, Carl Rogers, Birgitta Steiner, Kriyananda e Samuel Lewis. Houve, é claro, muitos mestres conhecidos e desconhecidos ao longo do caminho da meditação e sou muito grato a todos que contribuíram para uma visão mais apurada do funcionamento da nossa mente e do melhor modo de se meditar.

INTRODUÇÃO

Como Ter Êxito na Meditação

Olhe para dentro de si — e permaneça sereno,
Livre do medo e do apego.
Saboreie a doce alegria do caminho...

Buda

O vale de Ojai, aninhado tranqüilamente no sopé das montanhas Topa Topa, a cerca de 45 km de Santa Bárbara, na Califórnia, supostamente foi o centro espiritual da antiga civilização Chumash, que outrora prosperou na costa californiana. Quis o destino que a invasão espanhola no século XVII aniquilasse os Chumash e, por cerca de duzentos anos, o vale de Ojai permanecesse quase deserto, com apenas umas poucas famílias espanholas proprietárias de terras e a usual proliferação da vida selvagem nativa.

Em 1906, com a idade de 17 anos, meu avô (também chamado John Selby) saiu de sua terra natal próxima, em Ventura, e instalou-se no solitário vale de Ojai, tornando-se um dos primeiros fazendeiros de gado da região. Nos anos seguintes, a combinação única das energias espirituais dos índios norte-americanos, da natural propensão mística de meu avô e da intensidade telúrica de uma paisagem natural maravilhosa suscitou, de algum modo, uma qualidade especial de consciência em vovô. À medida que outros colonos foram aparecendo durante o primeiro quartel do novo século, ele se tornou conhecido na região como um fazendeiro com dons espirituais inequívocos. Nos anos 40 e 50, um número cada vez maior de pessoas passou a visitar e estimar o mestre espiritual indígena do lugar. Na década de 60, a CBS chegou a enviar para lá uma equipe, a fim de rodar na fazenda um especial de meia hora sobre o sábio silencioso do vale.

Vovô, é claro, apenas sorria ao ver-se alvo de tamanha atenção e continuava sossegadamente em seu caminho, ensinando mais com exemplos do que com palavras. Tive a felicidade de viver com minha família na fazenda de meu avô durante boa parte da infância, passando a maior parte do meu tempo livre a ajudá-lo em suas tarefas diárias e projetos agrícolas. Eu o seguia em silêncio pelas trilhas de caça, aprendendo a rir em vez de xingar quando surgiam dificuldades inesperadas, cavalgando pelos bosques de carvalhos e campos abertos, sentando-me por meia hora, sem dizer palavra, à beira de regatos murmurejantes, e descobrindo então, por osmose, até que ponto aquele homem mantinha propositadamente quieta sua mente racional enquanto observava o mundo sem julgá-lo, tratando a todos como criaturas de Deus, respeitosa e compassivamente, e fazendo questão de ser amável e receptivo em vez de ceder aos muitos medos e jogos do ego humano.

Pude estudar, posteriormente, com diversos mestres consagrados e aprender suas técnicas formais de meditação. No entanto, para ser honesto, grande parte das idéias sobre meditação que partilharei com o leitor neste livro surgiu nos primeiros anos da minha vida, sem nenhum formato organizado, graças ao profundo exemplo espiritual desse homem simples. Vovô realmente vivia em Espírito e mostrou-me que o caminho espiritual devia ser encontrado bem além dos dogmas e sistemas religiosos exclusivistas.

Talvez o elemento mais importante deste livro seja a lição que vovô imprimiu na minha alma, segundo a qual a meditação não é coisa que se pratique uma ou duas vezes por dia — é antes uma atmosfera espiritual constante, que deveria permear cada momento da nossa existência. Vovô costumava fazer uma pausa quando as coisas se complicavam e encostar-se num mourão da cerca ou sentar-se por alguns momentos, até que seu costumeiro bom humor radiante voltasse. Essas pequenas pausas para meditação eram uma parte integrante do seu dia-a-dia.

Vovô também cultivava uma rotina de meditação formal despretensiosa: ele quase sempre se levantava de manhãzinha e ia sentar-se sob seu carvalho favorito, quando o tempo permitia, para ver o nascer do sol. Eu geralmente me levantava em tempo de acompanhá-lo e contemplar em silêncio a ascensão do astro, usufruindo aquele estado de espírito especial que sempre brotava em mim quando ficávamos calados, na companhia um do outro, por quinze, vinte minutos. Também ao crepúsculo ele interrompia suas tarefas e sentava-se para relaxar... e simplesmente "ser" à medida que o sol ia desaparecendo. Ele nunca "saía do ar" durante essas meditações; de fato, uma de suas mais pujantes características era o intenso e contínuo envolvimento com o momento presente.

Pare e Reflita

Talvez você queira parar agora e refletir brevemente sobre as influências da infância que, de modo profundo, o estimularam espiritualmente na fase de crescimento. Que influências foram essas? O que você aprendeu com elas? Continuam presentes em seu espírito?

Libertação Cognitiva

Poucas décadas depois de vovô se mudar para o vale de Ojai, diversas comunidades espirituais migraram para essa pacífica região, a fim de ali estabelecer suas várias escolas e ensinamentos. Uma delas foi a Sociedade Teosófica, que pouco antes da virada do último século procurou e identificou na Índia um menino destinado a ser o próximo messias mundial, a encarnação viva de Jesus e do Senhor Krishna. Os teosofistas levaram Jiddhu Krishnamurti para a Europa e, em 1921, transferiram-no para Ojai, onde ele deveria chegar à maturidade espiritual e física.

Morando a poucos quilômetros de Ojai, Krishnamurti teve à sombra de um laranjal sua primeira experiência de "despertar" — e em seguida chocou milhares de seguidores devotos ao recusar o título de messias que lhe atribuíam. Eu próprio, menino ainda, fiquei impressionado ao ouvi-lo falar pela primeira vez nos bosques de carvalho de Ojai. Pude perceber que ali estava alguém que exprimia em palavras o que meu avô expressava em atitudes: para alcançar a paz de espírito e a clareza de visão precisamos aprender a dominar nossa mente e a fazer contato com nosso centro interior, que está além dos nossos condicionamentos culturais e crenças religiosas.

Depois desse primeiro encontro, tive muitas conversas descontraídas com Krishnamurti e participei das reuniões formais que ele promovia. Até vê-lo pela última vez na Suíça, pouco antes de sua morte, considerei seus incisivos ensinamentos mais claros do que os de qualquer outro mestre espiritual do mundo. De muitas formas, este livro é uma expressão nova, num formato facilmente acessível à atual geração, da sabedoria acerca da meditação e da libertação cognitiva que Krishnamurti ensinou a quantos tiveram ouvidos para ouvir. Suas idéias estão em sintonia com a verdade transmitida pelos antigos mestres e com o exemplo imediato de meu avô, num novo formato conceitual que pretende inspirar a sociedade de hoje.

Mestres Vivos

Um dos primeiros ensinamentos de Krishnamurti era o de que, no caminho espiritual, é melhor não nos tornarmos devotos de determinado guru, mas procurar nosso próprio centro interior e assim estabelecer contato diretamente com a sabedoria perene. Entretanto, ele me encorajou, jovem que eu era, a sair pelo mundo e explorar em primeira mão as técnicas e lições das grandes tradições mundiais de meditação — a fim de perceber claramente a necessidade de uma revolução verdadeira em nossa sociedade. Se sair pelo mundo, disse ele, "vai se tornar óbvio que é preciso que haja uma revolução radical. É preciso que surja um novo tipo de cultura. A menos que ocorra uma profunda mudança psicológica, a simples reforma da periferia adiantará muito pouco. E essa mudança psicológica — para mim, a única revolução verdadeira — é possível por intermédio da meditação".

Graças a esse incentivo, comecei, com 19 anos, a estudar com alguns mestres proeminentes, cada um dos quais dispondo de uma chave para os segredos da meditação proveitosa, enraizada nos ensinamentos dos antigos e também em suas próprias descobertas e inspirações. O presente livro é o resultado direto dessa longa investigação.

Ao mesmo tempo, interessei-me vivamente pelos aspectos científicos da experiência de meditação e passei anos examinando os dados psicológicos e neurológicos formais da vivência espiritual. Nessa esfera de pesquisa, um de meus orientadores, o consabidamente polêmico mas brilhante erudito zen, Alan Watts, estimulou-me a prosseguir um projeto capital que ele iniciara: identificar o princípio e o procedimento psicológicos fundamentais comuns a todas as grandes tradições de meditação do mundo e depois divulgar os resultados.

Aceitei o desafio e logo me vi empenhado numa pesquisa para o National Institute of Mental Health (NIMH), participando de estudos avançados nas décadas de 1960 e 1970 que ajudaram a esclarecer nossa compreensão científica do processo de meditação. Depois de anos de pesquisa nessa área, foi aos poucos ficando claro para mim que, de fato, todas as grandes técnicas de meditação do mundo se alicerçam numa compreensão psicológica unificada do funcionamento da mente e do melhor modo de agir para expandir a consciência rumo a esferas mais profundas de percepção espiritual. O presente livro contém as conclusões essenciais desses estudos, mostrando que os sete grandes mestres da comunidade espiritual mundial ensinaram, todos eles, aspectos fundamentais ou fases do mesmo processo subjacente de meditação.

O que Há de Novo Nesta Abordagem?

Quase todas as culturas desenvolveram sólidas tradições de meditação, algumas das quais remontando à pré-história. Seguramente, nada há de novo sob o sol em termos de processos naturais básicos por cujo intermédio a mente humana possa se abrir para o divino, contemplá-lo e fundir-se nele.

Não importam as nossas crenças teológicas ou filosóficas, a autêntica experiência espiritual direta que está além das idéias e pensamentos humanos é universal. Por esse motivo, o programa de meditação aqui apresentado funciona igualmente bem quer você seja cristão ou taoísta, hindu ou budista, teosofista ou cientista — ou seja lá o que for.

Este programa de meditação revoluciona nossa capacidade de aprender a meditar independentemente dos dogmas religiosos, rituais e teologias que cercam a experiência humana de meditação, de sorte a expor o processo psicológico subjacente ensinado ao longo das eras pelos grandes mestres dessa prática.

Pesquisando o processo psicológico comum às grandes tradições de meditação, meus colegas e eu logramos desenvolver um novo programa que integra as diversas abordagens tradicionais num conjunto unificado de experiências.

Há cinco inovações capitais que fazem do programa de meditação *Sete Mestres, Um Caminho* algo de único e fundamental na busca de experiências e de uma compreensão mais profunda da meditação:

Inovação 1: As Sete Expansões

Muitos mestres espirituais afirmam que a meditação se define melhor como a expansão metódica da consciência humana para além de crenças e atitudes adquiridas com relação à vida, visando alcançar diretamente uma realidade mais autêntica. Constatamos, em nossos estudos, que sete expansões primárias de consciência ocorrem naturalmente durante uma sessão proveitosa de meditação. A mente humana, sabe-se bem, avança rumo à bem-aventurança e realização espirituais ao longo de um processo previsível, quando não está obstruída por hábitos mentais, emoções perturbadoras ou crenças coercivas. Uma apresentação clara desse processo de expansão em sete passos é fornecida no programa de meditação *Sete Mestres, Um Caminho.*

Inovação 2: Técnica para Serenar a Mente

Aprender a aquietar pensamentos confusos e muitas vezes perturbadores durante a meditação tem sido um de nossos principais desafios. Fazendo pesquisas sobre a mente no NIMH, meus colegas e eu identificamos um processo de percepção especial que, instantânea e previsivelmente, acalma o fluxo de pensamentos. Se você aprender esse método simples de serenar a mente, conseguirá aprofundar-se na meditação.

Inovação 3: Abordagem Resumida

Acredita-se, em geral, que a meditação exija pelo menos meia hora para ser eficaz. No entanto, descobrimos que esse pressuposto não é válido do ponto de vista psicológico. Aplicando novos conceitos ao processo de meditação, desenvolvemos uma abordagem "resumida" que permite a prática da meditação num espaço de tempo curto, mas proveitoso. Depois que se familiarizar com o processo de expansão da mente, você conseguirá praticar a meditação plena durante o período de que dispuser, integrando-a assim, completamente, às atividades diárias.

Inovação 4: Frases de Concentração

Outra inovação que estamos introduzindo aqui, para tornar mais fácil, eficaz e agradável o aprendizado da meditação, é o emprego de sete frases cuidadosamente elaboradas que voltarão sua atenção diretamente para cada uma das sete expansões. Vencido o processo inicial de treinamento, essas afirmações especiais estimulam de pronto a totalidade da experiência associada a cada expansão.

Inovação 5: Orientação em Áudio

A última inovação que torna verdadeiramente eficaz a prática de meditação preceituada em *Sete Mestres, Um Caminho*, para quem almeja um contato mais estreito com o núcleo do seu ser, é nossa versão virtual, em inglês, do programa de treinamento, disponível no *site* gratuito www.7masters.com. Tradicionalmente, os estudantes aprendem a meditar ouvindo a orientação verbal do mestre, repetida ao longo do processo até que eles o internalizem. Essa orientação direta não é possível por meio da mídia escrita. Mas agora você poderá acessar imediatamente o *site* em inglês ou ouvir o CD que acompanha este livro.

O Processo de Aprendizado

Este livro é muito mais um manual do que uma discussão filosófica. Minha intenção primordial é fazer com que você domine cada expansão da consciência por meio da meditação. Com vistas a esse objetivo, os capítulos são concluídos com uma meditação orientada com base nas instruções que costumo transmitir de viva voz a alunos e clientes.

Meu intento é, pois, proporcionar-lhe idéias e sugestões suficientes para conduzi-lo a um ponto em que sua própria experiência interior de meditação se eleve e voe por conta própria... desde que você, regularmente, atente para sua respiração, acalme seus pensamentos, concentre-se em cada um dos sete temas e mergulhe plenamente no caráter único e sempre novo do seu próprio momento de meditação.

Dentro desse espírito, cada capítulo o apresenta a um professor, um processo de meditação e uma nova experiência interior — até que você domine perfeitamente as sete expansões curtas, mas poderosas, que em conjunto constituem um programa maravilhoso, eficaz e completo. Em cada capítulo, sugiro também algumas breves pausas, durante as quais você colocará o livro de lado e refletirá sobre o que acabou de ler para que, ao longo da obra, sua experiência autêntica predomine sobre o raciocínio intelectual.

Os leitores sem experiência de meditação precisarão sem dúvida de algum tempo para explorar cada expansão antes de passar à seguinte. Mas não há pressa, não há urgência, não há objetivo final. O importante é concentrar-se totalmente na experiência de cada novo momento meditativo.

Haverá ainda quem já tenha ouvido falar sobre a experiência geral da meditação, lido alguns livros a respeito do assunto e tentado talvez uma ou outra técnica tradicional, mas sem nunca atinar com uma prática espiritual realmente satisfatória. Graças a essa bagagem, é possível que essas pessoas se adiantem com mais rapidez no processo de aprendizado — mas, mesmo assim, devem procurar compreender e vivenciar plenamente as expansões, uma por vez.

Muitos leitores, enfim, terão já avançado bastante na jornada de meditação, mas continuam buscando uma prática diária mais integrada e eficiente para iluminar suas vidas. Sintam-se, por favor, livres para passar rapidamente pelas discussões deste livro que cubram terreno já conhecido... sem, contudo, deixar de fazer pausas para vivenciar cada expansão nos formatos aqui apresentados.

Explorando as idéias e experiências que emergirão espontaneamente à medida que percorrer esse programa de meditação de sete expansões, você terá pela frente toda uma vida de pesquisa e despertar espiritual. Sinta-se absolutamente livre para avançar segundo seu próprio ritmo. Logo você estará avançando com desenvoltura ao longo do processo meditativo, sem necessidade de orientação exterior.

Meditação Resumida

Tradicionalmente (sobretudo nos padrões hinduístas ou budistas), a pessoa medita uma ou duas vezes por dia, durante pelo menos uma hora de cada vez. Eis aí um esquema altamente recomendado para quem, na azáfama do cotidiano, consegue reservar esse lapso de tempo todos os dias em horários regulares.

Atualmente, porém, muitos acham que podem dispor de cinco breves oportunidades de meditação por dia, mas não de tempo suficiente para uma sessão longa. Há também pessoas que gostam de permanecer quietas durante um bom período, enquanto outras preferem a agitação. E há, enfim, outras que (como eu) apreciam uma meditação regular de manhã ou à tarde, de trinta minutos a uma hora, mas beneficiam-se igualmente de pausas de cinco a dez minutos várias vezes durante o dia, para uma sessão curta que induz a consciência, rapidamente, a um estado mais sereno, mais reflexivo e mais benevolente.

Tendo desde longa data descoberto que a meditação "resumida" é de grande valia, investiguei em recente pesquisa o meio mais eficaz de recorrer com presteza aos poderes rejuvenescedores da prática de meditação. O programa de sete passos que você tem em mãos é formalmente chamado de processo de "meditação modular" — modular porque cada uma das meditações curtas vale por uma meditação completa. Ao mesmo tempo, quando postas na devida ordem, as sete funcionam também como um todo quando se passa de um tema a outro, aprofundando-se mais e mais a cada módulo adicionado.

Examinaremos em detalhe a maneira como você pode desenvolver sua própria estrutura ideal de meditação, para concentrar-se no tema que lhe parecer mais importante a cada dia. O objetivo é assegurar que, não importa onde esteja e de quão pouco tempo disponha, você possa voltar a mente para seu centro espiritual interior e receber os incontáveis benefícios da experiência de meditação.

No âmago dessa exclusiva e talvez radical abordagem do assunto está a lição que aprendi muito cedo com meu avô e depois com Krishnamurti — a saber, que nossa meta espiritual não consiste em mergulhar uma ou duas vezes por dia na meditação, mas em aprender a viver cada momento de nossa vida em estreito contato com a nossa espiritualidade.

Novos Formatos de Orientação

A meditação, sendo como é o mais poderoso instrumento mental jamais desenvolvido, tem sido tradicionalmente transmitida de pessoa para pessoa, não em formato escrito, mas oral. Costumamos aprender melhor quando ouvimos uma voz que nos guia ao longo de um processo do que quando lemos a respeito do assunto. A voz do mestre estimula muito mais a experiência interior do que palavras com o mesmo sentido impressas numa página.

Para aprender um processo meditativo, é preciso repetir muitas vezes o ato mental básico de concentração... até internalizar esse processo como um magnífico hábito a que possamos recorrer sem necessidade de ajuda. Muitas pessoas se recusam a ler as mesmas instruções infindavelmente até memorizar um processo, mas ficam felizes ao cerrar os olhos, relaxar a mente e ouvir uma voz que as vá guiando ao longo do processo de meditação, até que o "apreendam" e não mais careçam de instruções verbais.

Com esse fato em mente, meus colegas e eu, na última década, empenhamo-nos em desenvolver um novo sistema para transmitir orientação verbal a distância — aproveitando a velocidade da Internet e dos CDs de áudio. Nossa intenção era ampliar o conceito de "aprendizado a distância" com a inclusão de gravações em áudio.

Por isso você encontrará ao final de cada capítulo um endereço eletrônico (www.7masters.com) para acesso instantâneo a orientações verbais em inglês, que tornarão o aprendizado da meditação menos cansativo e mais eficiente. Você terá ali meditações curtas, para quando só dispuser de uns poucos minutos de recolhimento, e variações mais longas do processo básico das sete expansões, para quando puder devotar períodos de dez, vinte ou trinta minutos à meditação.

Sem dúvida, muitos leitores acharão as orientações escritas perfeitamente adequadas e dominarão as meditações sem o suporte de áudio. Todavia, para aqueles que desejarem mais apoio, bastará sentar-se ao computador, acessar o *site* e encontrar-me ali. Eles terão ainda a oportunidade, no *site* em inglês www.7masters.com, de participar de salas de bate-papo e compartilhar sua nova experiência de meditação com outras pessoas que leram o livro. Bom número de informações básicas sobre cada um dos sete mestres, e muito mais, estará também disponível pela Internet. Quem não tiver computador, terá o apoio do CD que acompanha este livro.

Os Sete Mestres

Você talvez se pergunte por que, entre tantos mestres espirituais de todas as épocas, escolhi os sete apresentados neste livro. Obviamente, os cinco primeiros — Patanjali, Lao Tzu, Buda, Jesus e Maomé — foram notáveis instrutores universais que não só tocaram a minha própria alma com seus ensinamentos, idéias e técnicas como continuam no centro dos maiores movimentos espirituais do mundo.

Os dois últimos, Gurdjieff e Krishnamurti, completam perfeitamente nosso processo de meditação porque, além do impacto todo especial que exerceram sobre minha própria compreensão desse processo, deram novas contribuições e exemplos que estimularam a evolução espiritual contínua da comunidade mundial.

Como descobriremos aqui, os verdadeiros líderes espirituais conduzem seus discípulos à mesma compreensão e experiência final — a da plena imersão no cerne espiritual do ser que todos compartilhamos e de onde retiramos sustento, sabedoria, vitalidade e percepção.

Passo agora a apresentar os sete mestres que, ao longo das eras ou mais recentemente, despertaram com vigor esferas espirituais especiais de consciência em muitos corações magnânimos pelo mundo afora e, por intermédio da meditação, continuam a nos influenciar diretamente. Ao mesmo tempo, introduzirei as sete "frases de concentração" que você aprenderá e utilizará durante o processo de meditação. Essas frases serão tudo de que precisará se lembrar após o período de treinamento a fim de completar o processo.

Patanjali

Há cerca de quatro mil anos, na Índia, o estudo formal da meditação foi iniciado por antigos mestres da ioga que avançaram passo a passo, por meio da investigação e exploração interiores, rumo a uma compreensão concisa de como nossa mente funciona e de como podemos empregar a meditação para despertar nossa consciência espiritual profunda. Depois de dois milênios de exploração, um sábio notável chamado Patanjali reuniu todos os ensinamentos e conceitos sobre o assunto e lançou por escrito instruções detalhadas sobre a arte da meditação e devoção em seus "Sutras da Ioga".

Capital no ensinamento de Patanjali era a idéia de que a atenção voltada para o ato de respirar constitui o elemento básico da meditação e de que certas técnicas respiratórias podem alterar a consciência, imprimindo-lhe rumos espirituais específicos. O termo sânscrito *prana*, que significa "respiração" ou "força vital", tem sido um conceito fundamental na história religiosa hindu. De fato, como veremos, quase todas as tradições de meditação enfatizam a exploração interior profunda da experiência de respirar.

Recorrendo às lições seminais de Patanjali sobre meditação *pranayama* (percepção e controle da respiração), apresentaremos a meditação iniciatória básica de concentrar a mente no ato respiratório.

* A expressão verbal da primeira expansão da nossa meditação de sete passos será: "Estou respirando livremente".

Lao Tzu

Também nascida há quase quatro mil anos, nas montanhas da China, temos a tradição taoísta de meditação, que aos poucos desenvolveu princípios básicos referentes ao modo de estabelecer contato direto com o divino, graças à experiência interior. No centro da tradição chinesa de percepção espiritual, encontramos o antigo mestre taoísta Lao Tzu, autor de um dos textos religiosos mais lidos de toda a humanidade, o *Tao Te Ching*.

Quando comecei a estudar com Alan Watts, ele estava concluindo sua tradução do original em mandarim do *Tao Te Ching*. Testemunhando os agradáveis combates que ele travava com esse trabalho e comparecendo aos seus seminários sobre o texto, percebi que o objetivo final da meditação taoísta é simplesmente serenar o fluxo de pensamentos na mente para tomar plena consciência da natureza da vida como um "todo".

Com base nas palavras e sugestões de Lao Tzu, bem como na abordagem geral taoísta e zen da meditação, aprenderemos uma técnica muito eficiente (fusão da antiga prática meditativa taoísta com novos conceitos científicos) para aquietar à vontade o fluxo de pensamentos na mente e descobrir assim, por experiência, o centro do poder e da beleza da meditação.

* A expressão verbal da segunda etapa em nossa meditação de sete passos será: "Minha mente está serena".

Buda

Siddhartha Gautama nasceu cerca de cem anos depois de Lao Tzu e quatrocentos antes de Jesus, numa família riquíssima da Índia. Chegou ao despertar absoluto quando tinha 29 anos. Segundo seu ensino fundamental, estamos todos enredados em idéias e atitudes de julgamento e medo que geram sofrimento crônico: só quando observarmos diretamente esses hábitos mentais e aprendermos a controlar a mente é que ficaremos livres de novos sofrimentos.

Seu principal preceito era o de que, enquanto nos recusarmos a aceitar a realidade do momento atual, geraremos continuamente traumas íntimos — e ficaremos separados de nossa verdadeira natureza búdica. Nossos eternos julgamentos e recusas em aceitar o mundo tal como ele é transformam a vida num inferno vivo. Mas, se controlarmos nossa mente e nossos atos com os olhos voltados para a realidade, poderemos mudar a nossa experiência do momento, substituindo a dor pela alegria.

O terceiro passo meditativo deste livro nos ensinará a aceitar a vida tal qual ela é, em vez de considerar o mundo e nós mesmos como algo de ruim, errado, incompleto ou pelo menos não suficientemente bom. Graças à total aceitação da verdade do que realmente somos, poderemos compreender e mesmo banir o sofrimento.

* A expressão verbal da terceira etapa em nossa meditação de sete passos será: "Aceito o mundo tal como ele é".

Jesus

Os ensinamentos de Jesus podem ser examinados de diferentes pontos de vista. Com efeito, eles têm sido interpretados teologicamente por centenas e centenas de seitas e movimentos. Para o nosso propósito de meditação, não precisaremos aqui defender nenhum dogma teológico particular a fim de entender os fundamentos do despertar ensinados por Jesus. No que toca ao caminho da meditação, Jesus concorda em essência e por inteiro com Buda, Lao Tzu e Patanjali, a saber, que estar em contato com o "sopro de Deus" interior constitui um aspecto básico do caminho espiritual; que a paz de espírito e a serenidade interior são práticas a ser desenvolvidas; que precisamos deixar de julgar para aceitar a criação divina tal qual a vemos; e, talvez o mais importante, que o amor é o epicentro de toda a vida espiritual.

A quarta expansão de nosso caminho de meditação enfoca os vigorosos ensinamentos de Jesus a respeito do amor e da importância do coração na prática espiritual. Recorreremos às suas próprias palavras sobre o amor incondicional e aprenderemos a colocá-las em prática, descobrindo que, se atentamos diretamente para o nosso coração, podemos irradiar mais amor em nossos relacionamentos.

A expressão verbal da quarta etapa em nossa meditação de sete passos será: "Eu me amo assim como sou".

Maomé

No âmbito da prática de meditação, a grande contribuição de Maomé à cultura islâmica, que nasceu no século VI d. C., é a certeza de que só existe um poder espiritual infinito, todo amor e perdão, que vê os seres humanos basicamente como criaturas boas e harmoniosas. A raiz da palavra *Islã* é "paz" — paz atingida na meditação pela entrega total do ser a Alá, cujo amor soluciona os muitos conflitos, decepções, confusões mentais e emoções da vida para que a pessoa, a família e a comunidade "residam em Deus" e floresçam na quietude.

A expansão a que agora recorremos em nossa quinta meditação é esse processo de plena entrega a Deus (sob qualquer nome) e de abertura do coração para receber o toque de cura, a orientação e o amor infinito de Deus em nossa vida diária. Essa entrega e "abertura para receber" levam-nos ao próprio âmago do despertar espiritual. Rendendo-nos incondicionalmente à vontade e ao amparo de Deus, nossos sentimentos negativos de medo e de ansiedade se dissolvem, desaparecendo com eles as hostilidades e os julgamentos que os provocaram. O resultado é uma experiência de profunda cura e paz emocional.

* A expressão verbal da quinta expansão será: "Meu coração está pronto para receber a cura de Deus".

GURDJIEFF

Surgido durante os séculos VIII e IX na esfera judaica, cristã e muçulmana do Oriente Médio, bem como em outras tradições místicas, o movimento espiritual Sufi espalhou-se pela Ásia central e Europa oriental, chegando até a África. O mais portentoso mestre dessa tradição expansiva e jubilosa foi George Ivanovitch Gurdjieff, um místico greco-armênio que ensinava danças sagradas e meditação, mas cujo impacto na comunidade espiritualista mundial só agora começa a ser aceito e compreendido.

Uma das técnicas básicas do ensinamento de Gurdjieff, geralmente conhecida como "lembrança de si mesmo", enquadra-se perfeitamente em nosso programa de meditação. Essa profunda técnica de percepção faz com que nos tornemos mais conscientes e vivos no momento presente. Ela engloba o que já aprendemos nas cinco etapas anteriores e expande nossa meditação para incluir não apenas nossa experiência interior, mas também nossas interações com o mundo que nos cerca.

* A expressão verbal da quinta expansão será: "Sei quem eu sou".

Krishnamurti

Krishnamurti nos conduz à expansão final da nossa jornada diária de meditação, em que, com a mente serena e atenta ao momento presente, permitimos mais uma vez que os pensamentos fluam por ela — observando-os, mas não nos identificando com eles. Nesse estado de consciência expandida, descobrimos que nossos pensamentos muitas vezes revelam uma natureza mística e inspirada, a qual conduz a percepções súbitas capazes de transformar nossa vida.

Em meio a essas inspirações, freqüentemente mergulhamos num estado em que as palavras se esfumam e vemo-nos em plena bem-aventurança da existência pura no momento atual. Tendo, pois, explorado a expansão absoluta do nosso processo de meditação, ficamos livres para penetrar no estado perfeito de unicidade com o divino sempre que meditarmos, por cinco minutos ou duas horas. Quando completamos a sétima expansão, percebemos que estamos de novo no começo, atentos simplesmente à respiração... e em bem-aventurança.

A expressão verbal da sétima expansão será: "Estou aqui, agora, em bem-aventurança".

As Sete Meditações

Eu gostaria de apresentar, desde já, cada uma das meditações que você aprenderá no curso deste programa, para que possa ter em mente o fluxo total de experiências que compõem o processo completo de meditação. Você notará que há uma progressão natural da primeira para a segunda meditação, desta para a terceira, e assim por diante até a sétima. Existe, com efeito, uma lógica estrita, psicológica tanto quanto espiritual, que preside ao curso dessas meditações.

PERCEPÇÃO DA RESPIRAÇÃO

Quase todas as tradições de meditação começam (e às vezes acabam, como no Zen) pela experiência primordial de atentar diretamente para a nossa própria respiração no momento atual. O processo psicológico de respirar é, sem sombra de dúvida, nossa atividade vital mais imediata e necessária. Temos o poder de controlar a respiração à vontade e também de liberá-la por completo, à medida que nos tornamos plenamente cientes da infinita profundidade da consciência que nasce quando atentamos para a respiração como um foco espiritual primário.

SERENAR A MENTE

Muita gente confunde a oração, pela qual "falamos com Deus", com a meditação, em que nossa mente falante e reflexiva se aquieta e nós entramos no universo de consciência que existe apenas quando o fluxo de pensamentos cessa temporariamente. De igual modo, a meditação é às vezes confundida com a contemplação, na qual refletimos (não raro com a mente cognitiva bastante alerta) sobre determinado tema. Serenar a mente significa distanciarmo-nos do fluxo de pensamentos, calando-o suavemente por completo. Esse é o segundo passo essencial da prática completa de meditação — e, por sorte, pesquisas recentes das funções mentais mostraram-nos maneiras novas de alcançar esse antigo objetivo.

Aceitar a Verdade

Uma das maiores capacidades da mente humana — e também uma de suas grandes maldições — é a eterna propensão a julgar o que nos está acontecendo e ao mundo em derredor. Nós herdamos e engendramos crenças sobre o modo como o mundo deveria ser e em seguida repelimos tudo quanto não se enquadre em nosso sistema conceitual. A meditação exige que, por algum tempo, coloquemos de lado essa atividade crítica da mente para podermos ver a verdade com clareza, aceitar a realidade tal como ela é e, assim, livrarmo-nos do efeito obnubilador dos juízos intermináveis, com suas conseqüentes dores de cabeça.

O Despertar do Coração

Bem no cerne das nossas sete práticas de meditação reside a notável qualidade do amor: a capacidade que tem o coração de despertar para níveis espirituais de compaixão mais profundos. Meditação sem atenção total ao amor não é meditação. Toda tradição espiritual do mundo considera crucial o amor e enfatiza a percepção direta do próprio coração. A equação universal "Deus é Amor" constitui o alicerce do ato de meditação. Nosso desafio limita-se a dominar uma meditação simples, mas profunda, que amplifique nossa capacidade tanto de receber quanto de disseminar o amor pela terra.

Cura Emocional

Psicologicamente, os seres humanos estão sempre ora num estado de medo (contração), ora num estado de amor (expansão). De nossas habituais contrações provocadas pela ansiedade, apreensão e temor brotam todas as outras emoções negativas como a cólera, o ódio, a depressão, a confusão, o mau pressentimento, etc. Além do mais, quando estamos nas garras do medo, não sentimos amor. Sabedoras disso, todas as grandes religiões ensinam que devemos aprender a confiar em Deus, desprezar o medo, viver na fé e, enfim, não nos preocupar com o futuro nem com a morte. Nenhum programa de meditação será completo se não voltar nossa atenção, regularmente, para nossas emoções — sobretudo os pensamentos que geram sensações de medo — e não nos mostrar como eliminar os receios graças ao despertar espiritual, para entrarmos finalmente no estado supremo de amor incondicional. Pois é o que temos a esperar da nossa quinta meditação.

Lembrança de Si Mesmo

O objetivo de todas as formas de meditação é estimular a autopercepção, a lembrança experiencial do que realmente somos no íntimo. A sexta meditação faz, especificamente, com que nossa atenção se concentre para que fiquemos conscientes ao mesmo tempo do mundo exterior e de nossa presença interior. A acuidade da percepção interna e externa pode ser diretamente fomentada por uma meditação especial, que leve a uma súbita expansão da consciência. A meditação é também muitíssimo valiosa por manter o estado de atenção durante um dia atarefado, independentemente do que a pessoa esteja fazendo.

Como Sentir Bem-aventurança

Nas seis primeiras expansões da consciência, primeiro atentamos progressivamente para a respiração e passamos a respirar livremente, esquecemos as preocupações e serenamos a mente, deixando de julgar e entrando em comunhão com a eternidade do momento atual. Abrimos o coração para o nosso próprio eu, preparamos a alma para o toque de cura divino — e então vivenciamos diretamente a nossa própria presença infinita. Em seguida, com muita naturalidade, depois de vencer as seis etapas de expansão da consciência, mergulhamos num estado de bem-aventurança — não como idéia nem como objetivo, mas como experiência real. Sim, nós não meditamos para nos sentirmos melhor ou mais abençoados: a expansão final provoca uma rendição incondicional ao momento presente, eterno, e esse é o ato interior supremo, necessário para alcançarmos a bem-aventurança.

A Recompensa

Ninguém faz nada sem motivação — e a meditação tem de ser praticada honestamente, com o claro entendimento do valor da autodisciplina para mantermos o enfoque espiritual em nossa vida. A meta dessa nova abordagem à meditação é fazer com que voltemos nossa atenção, todos os dias, para as sete qualidades essenciais da existência humana, de sorte que possamos regularmente espalhar a luz da nossa presença espiritual mais profunda sobre todas as esferas da vida.

O resultado inequívoco de devotar metodicamente a atenção a essas experiências e temas de meditação será um maravilhoso despertar e uma reenergização completa da sua presença mental, emocional e espiritual. Sobretudo se você utilizar a meditação na ordem apresentada aqui, descobrirá que é capaz de sentir uma notável expansão da consciência quase todas as vezes que fizer a meditação completa, seja no formato reduzido ou nos maiores, de dez minutos, trinta minutos ou uma hora.

O mais importante é lembrar-se de prestar toda a atenção a cada uma dessas etapas pelo menos uma vez ao dia, para que sua mente, seu coração e sua alma se concentrem nessas sete dimensões vitais, ajudando-o a equilibrá-las e ativá-las.

Como veremos em detalhe, atenção é energia; e atenção voluntariamente concentrada é poder manifesto. Cultivar o hábito mental de focalizar a atenção meditativa, na sua plenitude, em temas espirituais importantes pode transformar todas as dimensões de sua vida. Tudo o que você terá de fazer será memorizar e conhecer intimamente as meditações (isso leva no máximo duas semanas, especialmente com o auxílio de áudio que proporcionamos) e depois reservar todos os dias um tempo para as expansões e o despertar dessas dimensões de sua vida.

A fim de ajudá-lo a integrar o programa de meditação ao seu cotidiano, o *site* www.7masters.com, em inglês, e o CD lhe proporcionarão não um, mas quatro tipos de meditação de duração diferente, à sua escolha. Quando você dispuser de meia hora só para isso, irei acompanhá-lo ao longo de um programa que reservará quatro minutos para cada uma das sete expansões. Se dispuser de apenas dez minutos, recorra ao programa orientado que preceitua sete respirações em cada meditação — coisa que, como verá, pode proporcionar uma experiência das mais profundas.

Se tiver somente dois minutos, achará compensador gastar um tempinho (equivalente a duas respirações) com todo o seu ser atento a cada um dos sete temas por vez, à medida que pronuncia as sete frases de concentração. Você deverá procurar, primeiro, tomar consciência da respiração, depois serenar a mente, aceitar o mundo que o cerca, amar-se assim como é, abrir o coração para receber, conhecer quem você realmente é e, por fim, observar com toda a atenção as últimas respirações, que o farão mergulhar num estado de bem-aventurança no momento atual.

Em suma: as sete meditações, quando puder devotar-se a elas, ajudarão você a se sentir melhor e a ser mais amoroso, alerta, equilibrado e bem-sucedido. Com o tempo, as meditações se tornarão parte essencial de todos os seus momentos... e você assumirá cada vez mais seu eu verdadeiro.

A Experiência Direta

Antes mesmo de iniciar o primeiro capítulo, encetemos o processo de aprendizado no qual vamos juntos nos envolver. Exploremos o procedimento simples de desviar o todo-poderoso enfoque de nossa atenção das meras palavras ou idéias, buscando a experiência de vida mais imediatamente possível ao ser humano — a da respiração.

> Primeiro, sem fazer nenhum esforço, tome consciência de que exatamente agora está concentrando toda a sua atenção na leitura destas palavras, encaminhando-as à mente e extraindo significado do fluxo verbal...
>
> Agora, enquanto continua a ler as instruções, deixe que a sua percepção abranja as sensações imediatas despertadas pelo fluxo do ar inspirado e expirado pelo nariz e pela boca...
>
> Consciente do fluxo respiratório para dentro e para fora, atente também para os movimentos que a respiração provoca naturalmente em seu peito e abdome...
>
> Diga a si mesmo: "Estou consciente da minha respiração..."
>
> Depois de ler este parágrafo, feche os olhos e continue atento à respiração. Abra-se à nova experiência proporcionada pelo infinito potencial espiritual do momento presente...

CAPÍTULO 1

Concentração na Respiração – Patanjali

Uma das coisas mais curiosas a propósito do ser humano é o fato de cada um de nós possuir vasto potencial para expandir a percepção de modo a promover maior compreensão, alegria, paz e realização na vida. No entanto, quase sempre mantemos a consciência em níveis extremamente restritos, que nos afastam da nossa natureza e potencial espirituais mais profundos.

Um dos primeiros pontos a assinalar é nossa relação com a respiração. Sabe-se há milênios que o mero ato de prestar atenção à função respiratória pode melhorar nossa vida. Além disso, nada na condição humana impede que reservemos parte da nossa atenção à experiência constante de respirar. Não há dúvida de que nos sentiremos melhor e atuaremos em níveis superiores se dermos à respiração a atenção devida. No entanto, a maioria de nós vaga por aí com a mente inteiramente afastada da fonte de prazer e inspiração que existe em nosso corpo.

Talvez o conceito psicológico mais importante a propósito da meditação seja o de que o despertar espiritual ocorre somente na imediaticidade do momento atual. De fato, todas as experiências e sentimentos humanos só acontecem aqui e agora. O momento presente é o único espaço em que contemplamos ao mesmo tempo os sentimentos interiores e o mundo exterior — e nada nos enraíza mais profunda e imediatamente no instante atual do que a percepção sustentada de nossa experiência respiratória. Eis por que a maioria das tradições de meditação considera a percepção da respiração um dos elementos capitais de seus ensinamentos.

O que mais afasta a nossa atenção do momento presente é a tendência da mente pensante a ignorar o aqui-e-agora em proveito de lembranças, fantasias, julgamentos ou fluxos de pensamentos abstratos e, mesmo, o exame desses julgamentos. Impulsionados pelas constantes apreensões e ruminações confusas do ego, costumamos passar boa parte do dia perdidos em pensamentos e emoções muitas vezes contraditórios — matutando sobre uma maneira de obter sucesso, temendo demasiadamente o futuro, planejando um novo negócio ou caso amoroso e sonhando com as férias próximas.

Por isso, nosso primeiro desafio meditativo será aprender maneiras de eliminar fixações com o passado ou o futuro, próprias da mente reflexiva, sempre que assim o desejarmos, e recuperar um espaço precioso para a respiração aqui e agora. Fluxos de pensamento lineares, quer em nossa mente, quer nestas páginas, podem sem dúvida inspirar-nos e ajudar-nos a estabelecer procedimentos que abram nosso coração para a experiência de meditação. Todavia, para compreender o processo meditativo e utilizá-lo, precisamos antes pôr de lado todos os outros pensamentos lineares e, conseqüentemente, redirecionar nossa atenção para o instante atual.

Você já notou que seus melhores momentos costumam acontecer quando você está consciente da sua respiração e de todo o seu corpo, no aqui-e-agora? Isso se dá porque os sentimentos humanos ganham expressão por intermédio do ato respiratório. Quando vê algo prazeroso, por exemplo, você inspira e expira profundamente, com paixão e alegria; o ar se expande e parece delicioso em seu tórax e abdome, deixando-o realizado e satisfeito. Neste capítulo, aprenderemos as técnicas de meditação mais eficazes que existem para torná-lo consciente de sua respiração ao longo do dia e fazê-lo sentir-se mais vivo, mais "aqui".

Muitas pessoas supõem que a meditação deva ser praticada unicamente quando temos tempo para ela. Convém, no entanto, pensar nesse ato como um estado de consciência que mantemos em cada instante de vigília da nossa vida. Assim, não falemos em atentar para a respiração "no futuro", quando não estivermos fazendo nada melhor: falemos, isso sim, em atentar para ela a todo momento — digamos agora!

Agora mesmo, com efeito, você só precisa expandir facilmente sua percepção para encetar o caminho rumo às infinitas esferas interiores da meditação respiratória. Continuando a ler estas palavras, apenas faça com que sua percepção se amplie sem esforço para incluir também as sensações fisiológicas provocadas em seu nariz e boca pela corrente de ar que entra... e sai... entra... e sai...

Se continuar a ler e a respirar ao mesmo tempo, descobrirá que não precisa fazer mais nada para viver a expansão da consciência. Nem empreender esforço nenhum para englobar nela mais e mais elementos do instante atual. Continue, pura e simplesmente, a ler estas palavras com a atenção voltada para a experiência interior da respiração.

A consciência, em estado natural, tende a expandir-se e a perceber cada vez mais coisas... até absorver o todo. Deixe, pois, que o fluxo destas palavras ajude-o suavemente a ampliar a atenção mental para acolher também a experiência da respiração... a sensação do ar transitando por suas narinas e boca... os movimentos provocados pelo ato de respirar em seu peito e abdome...

Ao ler e respirar concomitantemente, você está, na verdade, meditando. Sua consciência dilatou-se e continuará a dilatar-se enquanto você prestar atenção à respiração e aprofundar-se nas idéias deste livro. De fato, pelo resto da vida e independentemente do que faça, você poderá aperfeiçoar a capacidade fundamental de permanecer sempre consciente da respiração — portanto, de fundir a meditação com as outras esferas de sua vida num todo inseparável.

Pare e Experimente

Talvez você queira descansar um pouco depois de ler este parágrafo. Deixe o livro de lado... esqueça as palavras por alguns momentos... estire o corpo para tomar consciência dele... e, aos pouquinhos, torne-se uma testemunha da sua respiração. Em seguida, capte as sensações provocadas pela passagem do ar em suas narinas ou boca... expanda a percepção a fim de incluir os movimentos do peito e do abdome, enquanto respira... permita-se usufruir do bem-estar... abra-se para uma nova experiência...

Os Mestres de Patanjali

Ninguém sabe ao certo quando nasceu Patanjali e quase nada se conhece de sua biografia. Talvez ele tenha vivido um pouco antes de Jesus, talvez um pouco depois. Mas com certeza ele veio ao mundo pelo menos cem anos depois de Buda porque seus escritos e lições de ioga, delineados mais destacadamente nos famosos *Sutras de Ioga*, estimularam o renascimento da prática iogue do hinduísmo tradicional alguns séculos após a revolução espiritual promovida por Buda. Essa revolução varreu a Índia cerca de quinhentos anos antes de Cristo.

Patanjali reviveu com entusiasmo a antiga tradição iogue da cultura hindu e ainda deu novo impulso meditativo a essa tradição, popularizando-a. Dezenas de influentes mestres religiosos surgiram nas gerações que se seguiram à inspiração inicial de Patanjali. Ainda hoje, inúmeros professores de ioga atribuem suas raízes meditativas a ele ou a seus discípulos.

No entanto, vale lembrar que Patanjali codificou e ampliou uma vasta tradição espiritual preexistente, que remonta a pelo menos dois mil anos antes da redação dos *Sutras de Ioga*. A Índia e as regiões circunvizinhas foram, quase certamente, o berço da tradição universal de meditação.

Imagine uma cultura espiritualmente (não materialmente) embasada na qual a maioria das mentes brilhantes de cada geração, por séculos, aceitou como tarefa primária o desafio de observar, de dentro para fora, as operações da mente e do corpo, da alma e do espírito humanos. Quando entramos em contato com a antiga tradição hindu de meditação, temos acesso às descobertas e à sabedoria acumuladas de centenas de milhares de seres humanos doutos e dedicados, que votaram suas vidas à observação interior utilizando como instrumento a própria consciência — para depois compartilhar o que descobriram com os contemporâneos e a posteridade.

Quando nos abeberamos nessa tradição iogue ao explorar a meditação respiratória, estamos tendo acesso ao mais completo estudo do fenômeno da respiração jamais conduzido. Estamos também participando da pesquisa contínua daquilo que acontece quando o poder da luz da consciência humana se concentra regularmente no ato mais rítmico do nosso corpo.

Inspiração e Expiração

Em seus ensinamentos sobre a respiração, Patanjali partiu dos aspectos mais óbvios (porém vitais) para os mais sublimes. De fato, ao final dos *Sutras de Ioga*, ele aventa alguns dos mais revolucionários preceitos místicos da tradição mundial de meditação.

Em primeiro lugar, Patanjali nos aconselha a seguir de perto a experiência da respiração observando, especificamente:

1. entrada do ar (inspiração);
2. saída do ar (expiração) e
3. contenção temporária do fôlego (suspensão).

Escreveu ele nos *Sutras de Ioga*: "Observando cada uma das três fases à medida que ocorrem naturalmente no tempo e no espaço, aprendereis a harmonizar melhor vossa respiração".

A respiração *Pranayama*, tal como ensinada pela ioga tradicional, exige que voltemos totalmente a nossa atenção para cada uma das três fases da experiência respiratória. Acompanhando de perto as características da inspiração, expiração e suspensão, você descobrirá nessas etapas todo um universo de experiências sutis.

Graças ao treinamento *Pranayama*, você desenvolverá ainda a capacidade de controlar cada uma das fases respiratórias durante a meditação. Variando conscientemente a velocidade de inspiração (absorção de oxigênio) e a de expiração (eliminação de gás carbônico), você conseguirá facilmente modificar seu estado energético.

Patanjali, adotando a antiga fórmula iogue para o controle respiratório, dá à inspiração o nome sânscrito de *puraka*, à suspensão o de *kumbhala* e à expiração o de *rechaka*. Examinemos brevemente cada uma dessas qualidades primordiais da percepção da respiração.

Inspiração: Puraka

Sempre lendo, durante suas próximas respirações observe principalmente as inspirações... como o ar lhe entra pelas narinas e esôfago, como seu estômago se descontrai e se dilata, como seu tórax se expande e as costelas se projetam para fora...

Inspiração é antes de tudo expansão. O músculo do diafragma, localizado sob os pulmões, contrai-se para baixo e os da caixa torácica se dilatam para gerar um vácuo relativo dentro dos pulmões, fazendo com que o ar de fora penetre neles. Assim, cada inspiração representa a natureza basicamente expansiva do universo.

Pare e Experimente

Durante as próximas respirações, inspire vigorosa e profundamente pelo nariz... sinta suas narinas se dilatarem para absorver mais ar, enquanto o peito se expande rapidamente... sente-se ou permaneça de pé, bem ereto... observe como o seu humor se modifica quando respira dessa maneira.

Suspensão: Kumbhaka

Kumbhaka, ou contenção do fôlego, ocorre depois de concluída a inspiração ou a expiração. Consiste na interrupção voluntária do fluxo de ar no princípio ou no fim do ciclo respiratório, mantendo-o nos pulmões por certo tempo, determinado quase sempre por uma contagem simples.

No final da inspiração, uma interrupção curta permite que seus pulmões absorvam mais oxigênio. Graças a essa dose extra, todo o seu sistema fica mais energizado e alerta. A suspensão após a expiração provoca uma sensação cada vez mais intensa de vacuidade. Na tradição zen-budista, a suspensão após a expiração é de vital importância para nos esquecermos de "tudo" e ficarmos vazios em bases regulares. Em nossa cultura, tendemos a enfatizar a plenitude, não o vácuo. Ao meditar sistematicamente durante a pausa que sucede a expiração, você se sentirá mais livre.

Pare e Experimente

Depois de ler este parágrafo, deixe o livro de lado e faça a experiência de Kumbhaka durante algumas respirações, segurando o fôlego ao final da inspiração (conte até 2 ou 4) e em seguida contando até 2 ou 4 após o final da expiração. Deixe que ambos os movimentos ocorram naturalmente, à velocidade normal... e observe o processo durante mais ou menos oito a doze ciclos...

Expiração: Rechaka

A terceira etapa da meditação respiratória, a expiração, é semelhante à inspiração por ser suave e contínua. Ela é muitíssimo importante no ato de meditar porque reflete o esvaziamento não só dos pulmões, mas também da mente.

Quando expele o ar, e também seus pensamentos corriqueiros e seu senso do eu, você muitas vezes percebe que o ego suspende seu controle sobre a mente e propicia uma experiência única de despertar ou renascimento na inspiração seguinte. Pode-se ainda atentar para a expiração a fim de eliminar as tensões emocionais e os sentimentos negativos, de sorte a obter uma sensação de alívio na inspiração seguinte.

Pare e Experimente

Depois de ler este parágrafo, deixe de lado o livro por alguns momentos e, enquanto respira, concentre-se nas expirações, longas e descontraídas... suspenda a respiração ao cabo de cada expiração... sinta-se caminhando para o esvaziamento... livre-se de todo o ar dos pulmões... de todos os pensamentos... de si mesmo... antes da inspiração seguinte...

Padrões de Respiração

Não confio exageradamente nas rotinas de controle respiratório porque meu objetivo é liberar a respiração e não comandá-la. No entanto, valorizo essa técnica quando utilizada com moderação. Um controle de alguns minutos por vez, no começo de cada sessão, pode fazer com que o ato de respirar rompa com nossas coações emocionais e nos torne, portanto, livres.

A técnica iogue básica para definir determinado padrão respiratório é contar até certo número durante a inspiração, a suspensão e a expiração. Por exemplo: você poderá inspirar contando até 2, suspender contando até 2 e expirar contando até 4.

Existem quatro padrões respiratórios básicos na tradição iogue. Podemos utilizá-los em qualquer meditação para substituir uma respiração tensa por um ciclo respiratório mais profundo.

Equilíbrio da Respiração

Um dos objetivos fundamentais do controle respiratório é equilibrar inspiração e expiração. Esse ato aparentemente simples gera sem demora profundas reverberações ao longo de todo o seu ser. A maneira mais comum de equilibrar a respiração é inspirar contando até 4, expirar na mesma contagem e repetir o esquema por pelo menos doze ciclos — para acalmar e equilibrar totalmente a inspiração e a expiração.

Você poderá também murmurar "*puraka... rechaka... puraka... rechaka*" em vez de contar, se preferir. Cabe-lhe determinar a velocidade de contagem que for mais conveniente. Você é quem comanda o ritmo da sua respiração.

> Faça esta simples experiência de respiração Pranayama durante oito ciclos:
>
> Inspire contando até 4... expire contando até 4... e repita.

Equilíbrio por meio da Suspensão da Respiração

Na tradição iogue hindu, enfatiza-se muito não apenas a observação da respiração que vem e vai, mas também o controle voluntário do ato, a fim de induzir certos estados mentais e físicos. Para tanto, você só precisa alterar a contagem de sua meditação respiratória.

Uma das variações para equilibrar a respiração é, por exemplo, incluir pequenos pontos de suspensão (*kumbhaka*) no início e no fim do ciclo. Essas "paradas" modificarão bastante sua meditação, engendrando experiências momentâneas de total imobilidade no ato respiratório.

> Faça a experiência. Determine o ritmo mais confortável:
>
> Inspire contando até 4... suspenda contando até 2... expire contando até 4... suspenda contando até 2.

Respiração para Ficar Alerta

Se você quiser carregar-se de oxigênio e intensificar seu estado de alerta, o seguinte esquema de controle respiratório será muito proveitoso. Inspire profunda e lentamente... contenha o fôlego por alguns instantes... expire rapidamente e contenha de novo o fôlego... repita o ciclo várias vezes, concentrando-se na experiência. Comece o exercício fazendo de seis a dez respirações e familiarize-se com esta meditação para ficar em estado de alerta:

> Reserve algum tempo para explorar esse padrão e descobrir como ele se apresenta de dentro para fora.
>
> Inspire contando até 6... suspenda contando até 4... expire contando até 2... suspenda contando até 2.

Respiração para Acalmar

Ao contrário, se você quiser acalmar-se rapidamente, inspire com força, retenha o fôlego por alguns instantes, expire demoradamente e de novo retenha o fôlego. Beneficie-se dos efeitos desse padrão praticando o ciclo de respiração calmante de cinco a dez vezes:

> Inspire contando até 2... suspenda contando até 2... expire contando até 6... suspenda contando até 4.

Caminhar

Até alguns séculos atrás, quase todos os seres humanos andavam ou corriam por distâncias consideráveis todos os dias — e esse era, talvez, o tempo principal para a meditação. A fim de despertar o sentido daquilo que somos, é importante, sempre que possível, fazer uma caminhada diária, transformando esse ato singelo numa experiência sublime de meditação em movimento.

Buda discorreu sucintamente sobre o valor desse tipo de meditação: "Eis as quatro recompensas daquele que pratica a meditação em movimento: robustece-se por andar a pé; acostuma-se ao esforço; livra-se de doenças; digere bem o que comeu e bebeu, mastigou e saboreou; e usufrui por muito tempo a concentração que adquiriu enquanto caminhava meditando".

Para provar que é possível meditar em qualquer lugar, fazendo seja lá o que for, Buda salientou que existem apenas quatro tipos de meditação: quando estamos sentados com o tronco ereto, deitados de costas, de pé e caminhando. A transformação da caminhada diária (ou da corrida) em prática meditativa sempre fez parte da tradição espiritual.

A meditação em movimento é obviamente uma meditação respiratória porque a respiração é elemento capital do exercício. Existem várias tradições de meditação em movimento, algumas complexas, outras bastante simples. Eu prefiro estas últimas: extraídas da técnica iogue de Patanjali, são ao mesmo tempo fáceis e profundas.

Meditação em Movimento Puraka-Rechaka

Enquanto caminha, procure tomar consciência de seu ritmo respiratório natural. Sinta o ar transitando por suas narinas ou boca, e seu peito e abdome trabalhando para levar mais oxigênio aos pulmões.

Depois de fixar-se intensamente na respiração e ritmar as passadas, respire pela boca e passe a murmurar "*rechaka*" enquanto expira e "*puraka*" enquanto inspira. Você poderá pronunciar essas palavras em tom baixo, quase subliminar, ou em voz alta.

Em seguida, amplie a percepção para abranger as sensações de seus pés ao caminhar. Quando ampliamos a percepção para englobar duas ou mais coisas ao mesmo tempo, aquietamos os pensamentos que nos atravessam a mente e mergulhamos num estado de consciência mais lúcida. Então, ficamos inteirados concomitantemente de nosso corpo todo e de nossa presença espiritual, sem a interferência das idéias. Aconselho o leitor a praticar a meditação em movimento *puraka-rechaka* todos os dias, como um dos aspectos vitais da meditação concentrada na respiração.

Meditação em Movimento com Contagem dos Passos

Ao caminhar, observe quantos passos você dá naturalmente enquanto inspira e expira. Descobrirá talvez que caminha dois, três ou quatro passos para cada inspiração e o mesmo para cada expiração. Agora, comece a contar seus passos durante a inspiração e depois durante a expiração, cantarolando as palavras "Um, dois, três... um, dois três" ou simplesmente "Um, dois... um, dois". O ato de salmodiar esses números para si mesmo acalmará aos poucos todos os demais pensamentos que atravessarem sua mente.

Pare e Experimente

Sugiro que você se levante agora mesmo, onde quer que esteja, enquanto as idéias aqui apresentadas estiverem frescas em sua mente, e comece a dominar esta meditação simples andando pela casa ou pelo quarto. Ao caminhar, conte os passos... e veja como, quase imediatamente, a ação rítmica acompanhada de vocalização sussurrante mergulha-o num estado de espírito e de ser mais sereno, alerta e agradável...

Adquira Sua Postura

Você sabe naturalmente qual posição física deve assumir ao caminhar. Mas e quanto a sentar-se e meditar? Haverá uma maneira "certa" de sentar-se para meditar ou bastará esparramar-se na cadeira e aguardar ótimos resultados?

Os mestres de ioga têm muito a ensinar sobre "adquirir a postura", como costumam dizer. Patanjali afirma com muita simplicidade: "A postura deve ser firme e solta" — em outras palavras, você precisa enrijar os músculos para manter o tronco reto contra a ação da gravidade e, ao mesmo tempo, descontrair-se, o que se consegue adquirindo equilíbrio a fim de esforçar-se o mínimo para permanecer ereto.

O desafio que lhe apresento para as próximas semanas e meses consiste em experimentar diferentes modos de sentar-se, de sorte a ficar confortável por certo período de tempo com tônus muscular suficiente para manter o tronco reto, mas assumindo também uma postura descontraída, para não fazer esforço desnecessário.

No sutra de Buda sobre meditação respiratória, *Anapanasati*, temos a seguinte sugestão:

> O homem que quer meditar vai para a floresta, para a sombra de uma árvore ou para uma casa deserta. Senta-se com as pernas recolhidas e cruzadas, o tronco ereto e com toda a atenção no presente. Sempre concentrado, inspira; sempre concentrado, expira.

Então, como sentar-se? Buda, em consonância com a antiga tradição de disciplina iogue na qual se abeberou, recomendava sentar-se "com as pernas recolhidas e cruzadas, o tronco ereto". Em um dos melhores comentários contemporâneos sobre a respiração, *Breath by Breath*, Larry Rosenberg amplia essa curta sugestão a fim de adaptá-la aos praticantes de meditação ocidentais. Em lugar da tradicional postura com as pernas cruzadas, "Algumas pessoas, no Ocidente, conseguem o mesmo resultado ajoelhadas numa almofada ou banco, ou sentadas numa cadeira. Os fatores-chave são a comodidade e a estabilidade. O mero ato de sentar-se com uma postura ereta e estável, com calma e dignidade, já tem sua importância".

Para Além do "Deve" e do "Não-deve"

Se você é um principiante na meditação e ainda não encontrou a postura conveniente, recomendo que, em vez de forçar-se a assumir uma posição que esteja de acordo com algum padrão externo de meditação clássica, você se discipline só até o ponto de sentar-se com as pernas cruzadas ou numa cadeira de espaldar reto, durante cinco ou mais minutos de cada vez. Longe de iniciar o processo meditativo carregado de noções a respeito do que "deve" fazer ou dos "procedimentos corretos" hauridos da tradição, apenas sente-se e observe o que acontece naturalmente.

Afinal, o objetivo da meditação não é ficar sentado quieto ou manter determinada postura, mas sim expandir a consciência, perceber intensamente o momento presente e despertar a atenção para o ser profundo. Você poderá estar fazendo hora no McDonald's e ainda assim meditar — se atentar plenamente para sua respiração e presença integral do corpo. Sempre que voltar a atenção para o aqui-e-agora, aceitando sem julgamento a realidade interior e exterior, você estará meditando.

Renunciando à idéia de que a meditação exige uma postura particular, você também fica livre para meditar enquanto viaja, permanece sentado no escritório, descansando no quintal ou na praia. Eu costumo relaxar e ler por cerca de uma hora em minha poltrona, após um dia exaustivo de trabalho, e gosto de reservar de cinco a dez minutos nessa posição confortável para meditar. Realmente, não há por que não fazer uma pausa regular em qualquer posição em que se esteja, mesmo de pé num vagão de metrô, e murmurar para si próprio uma afirmação a cada respiração: com isso, instantaneamente, mergulha-se em estado de meditação.

Sem dúvida, você achará que a posição sentada com o tronco ereto tende a estimular o aprofundamento mais rápido da meditação. Quase todas as pessoas, quando procuram uma posição, a princípio movimentam-se muito até deixar o corpo acomodado. Mas no fim o próprio corpo perceberá que a posição sentada com o tronco ereto requer muito menos energia e atenção ao equilíbrio. Elas assumirão exatamente a postura recomendada pelo Buda, não porque obedeceram a instruções alheias, mas porque descobriram por si próprias o que lhes convinha.

Essa é a essência do verdadeiro processo de meditação — um mínimo de "deves" e "não-deves" externos e um máximo de espaço para investigar, experimentar e descobrir. Você atinará sozinho com o processo básico da meditação, adequado à sua personalidade e fluxo vital. Sentir-se-á "firme e confortável, relaxado e equilibrado" porque gostará de estar nessa posição e porque o corpo, uma vez livre, se encaminha naturalmente para essa descoberta.

Atenção ao Presente

Uma vez em posição ereta e cômoda, que fará você em seguida? Patanjali e toda a tradição iogue recomendam que se "preste atenção ao presente". Essa é uma expressão aparentemente complexa, muita citada hoje em dia nos círculos religiosos e de auto-ajuda, mas que não deve intimidar ninguém.

Significa apenas "tomar consciência do que está acontecendo agora". Se você estiver pensando, fique consciente de que está pensando; se estiver respirando, fique consciente de que está respirando; se estiver caminhando, fique consciente de que está caminhando. Eis o que significa prestar atenção ao presente.

A atenção pressupõe a consciência do que se passa em derredor e, ao mesmo tempo, a percepção do próprio eu como observador. Assim, quando estiver sentado, observe-se nessa postura e a tudo o mais que acontece à sua volta no momento presente. Sobretudo no início do processo meditativo, você deverá seguir o conselho do Buda: "Sempre concentrado, inspira; sempre concentrado, expira".

Pare e Experimente

Reserve alguns instantes para descobrir como posturas diferentes modificam sua experiência da atenção à respiração. Depois de ler este parágrafo, coloque o livro de lado e deixe que seu corpo passe por alterações à medida que explora várias posturas a fim de concentrar-se na respiração. Faça o que bem entender: sente-se no chão, puxe outra cadeira, mas encontre a postura adequada.

As Três Colunas

Até aqui, empregamos o termo "meditação" num sentido genérico mais amplo, para aludir ao processo de, conscientemente, enfocar a energia mental em instruções que promovam a paz espiritual, a lucidez e o despertar. Mencionarei agora outros conceitos dos *Sutras de Ioga* e da tradição hindu em que as três dimensões primárias da prática de meditação são chamadas *concentração*, *contemplação* e *meditação profunda*. Segundo esse entendimento mais abrangente, “meditação” refere-se especificamente à terceira e última etapa do processo.

Concentração

Patanjali explica no início dos *Sutras de Ioga* que “a ioga é a capacidade de direcionar e focalizar a atividade mental. ... Concentração significa dirigir a mente para determinado objeto. Graças à concentração da mente, o ser interior estabelece-se em toda a sua realidade. De outro modo, a pessoa se identificaria com as atividades da mente. ... O controle sobre as flutuações da mente decorre da prática continuada, que é o empenho para atingir e preservar o estado de paz mental”.

Na compreensão das três fases da meditação que Patanjali apresenta, você começa por empregar sua força de vontade (disciplina) para concentrar toda a atenção mental na respiração, no momento presente. Nesse estado de concentração, você atenta durante certo tempo para as impressões sensoriais escolhidas, voltando a enfocar a experiência respiratória quando esta começar a se desvanecer. Para melhor se concentrar na direção que deseja, você poderá dizer a si mesmo: “Estou respirando livremente”.

Pare e Experimente:

Para testar seu próprio poder de concentração, feche os olhos e firme a atenção nas sensações físicas geradas pelo ato de respirar. Sinta o ar entrando... e saindo... Quando sua atenção se dispersar, traga-a de volta suave, mas firmemente para o enfoque escolhido, que é a respiração...

Contemplação

Se você se concentrar nas sensações imediatas da experiência respiratória, descobrirá que seu fluxo de pensamento habitual tende a aquietar-se. Sua mente se concentrará no tema escolhido (a respiração, neste caso) e você começará intuitivamente a refletir — intelectual, emocional e simbolicamente — sobre a natureza íntima da respiração. É aí que a concentração se transforma em contemplação, o segundo passo da consciência espiritual.

A tradição contemplativa cristã, por exemplo, muitas vezes recomenda a reflexão acurada sobre uma passagem da Bíblia, o que pode resultar na compreensão súbita do significado profundo das palavras. Na prática hindu, a luz de uma vela torna-se muitas vezes o foco da contemplação, como também a natureza da água ou a própria respiração, contempladas de todos os pontos de vista possíveis. Quando Jesus instou seus discípulos e seguidores a "considerar os lírios do campo e como crescem", estava sugerindo que mirassem a natureza espiritual profunda daquelas flores e atingissem o âmago do significado que muitas vezes brota da contemplação.

A fase de enfoque para cada meditação quase sempre estimulará, por si só, a contemplação. A frase "Estou respirando livremente" conduzirá a uma reflexão básica sobre o que significa ser livre, respirar com liberdade em vez de controlar esse ato.

Pare e Reflita

Faça outra pausa e sinta diretamente o processo mental da contemplação. Entre em sintonia com sua própria respiração... diga para si mesmo "Estou respirando livremente"... e reflita sobre o que significa realmente respirar com liberdade. Note que, depois da sua próxima expiração, se segurar o fôlego, a certa altura um poder interior sutil provocará uma nova inspiração. Usufrua desse reflexo respiratório que o mantém vivo... perceba quão profundamente você consegue observar a fonte desse reflexo enquanto examina a força que o compele a respirar. Que poder é esse? De onde vem?

Meditação Profunda

Depois de concentrar-se na respiração e contemplá-la, sua mente atingirá naturalmente a meta da investigação, pelo menos no momento, e ficará serena. Esse mergulho na quietude interior total e na cessação da busca prepara a entrada na terceira dimensão da consciência espiritual, a meditação profunda.

A experiência começa quando eliminamos todas as idéias e emoções associadas àquilo em que estamos concentrados e ultrapassamos completamente a consciência conceitual para atingir um estado de percepção onde nos sentimos livres no momento atual e unificados com o enfoque de nossa atenção. Observamos sem julgar e vivenciamos o que significa ser consciente para além da mente reflexiva.

Nesse estado, experimentamos sem esforço a fusão de nossa consciência pessoal com a consciência maior e estabelecemos um vínculo real com o divino que está além dos conceitos.

Qual é a fronteira entre contemplação e meditação? Contemplação, no sentido que damos aqui ao termo, é uma busca mental e intuitiva da natureza do tema escolhido mediante o uso de associação cognitiva e raciocínio, memória, imaginação e intuição reflexiva. Meditação é a experiência mental que ocorre quando a função cognitiva se interrompe, quando as associações com o passado e o futuro se desvanecem e nós nos tornamos plenamente conscientes na percepção ampliada do momento presente.

Pelos próximos dias, meses e anos, é importante que você reserve um bom período de tempo para a contemplação porque ela permite à mente reflexiva desempenhar seu papel no processo de iluminação. A meu ver, o despertar espiritual não é um processo de controle, mas de liberação da mente. Nesse processo, continuamos atentos ao que a mente executa a todo instante, ao que nela acontece; e, observando seu movimento para cá ou para lá, o modo como trabalha um tema, um objeto ou um sentimento, sobrevém-nos um lampejo de consciência que nos leva para longe...

Diz o mestre espiritual Osho:

> O homem só precisa aprender uma coisa: basta dar um passo e a jornada terminou. Esse passo único consiste em fazer tudo atentamente. Passe a observar com desvelo sua mente, seu corpo, seus atos. Não perca de vista o observador — pois então não mais importará se ele é cristão, hindu ou budista. O homem capaz de tudo executar com plena consciência torna-se um fenômeno luminoso.

> *Pare e Experimente*
>
> Apenas observe o desdobrar do instante atual... atente para tudo o que entrar no campo da sua percepção: sons, panoramas, sensações, aromas, pensamentos, emoções, toques, movimentos... Não faça esforço nenhum... não avalie, não julgue, não reflita... Seja um mero observador, uma testemunha...

Como Liberar a Respiração

Vimos, pois, quantas dádivas valiosas a tradição iogue de Patanjali nos oferece para percorrermos o caminho universal da meditação. Devemos sempre iniciar nossas meditações, conforme nos ensinam Patanjali e a tradição iogue, voltando a atenção para certos pontos e de um modo que se mostre espiritualmente válido — sobretudo para o ato de respirar.

Essa tradição também se ocupa muito da disciplina, do esforço e do controle como pré-requisitos para experiências de meditação mais libertadoras. Alguma disciplina é exigida no caminho espiritual, não importam a tradição e a abordagem que se queria explorar.

A frase de concentração para este capítulo e meditação não é, porém, "Estou respirando de maneira controlada" ou "Estou disciplinando minha respiração", mas sim "Estou respirando livremente".

Na meditação iogue, o objetivo principal cifra-se em alcançar um controle absoluto de todos os reflexos, hábitos, inclinações e atividades de ordem física, mental ou emocional. A tradição iogue cita diversas razões de peso para colocarmos a disciplina e o esforço no centro da prática espiritual, coisa que eu próprio descobri quando estudei por muitos anos sob a orientação de Kriyananda, discípulo de Yogananda.

Ao mesmo tempo, porém, eu pesquisava a meditação com Alan Watts e outros mestres zen, aprendendo o quanto é valioso tratar a respiração em sentido oposto ao do controle — a saber, deixar a respiração inteiramente livre.

A certa altura percebi de repente o valor dos conceitos que Buda insuflou na tradição espiritual indiana, sobretudo sua insistência em que a mera observação do ato de respirar, sem nenhum controle, é a melhor maneira de mergulhar profundamente na meditação.

Em nosso *Sete Mestres, Um Caminho*, após nos inteirarmos dos conceitos iogues de disciplina da mente antes da meditação, logo ultrapassamos essa disciplina — e deixamos nossa respiração livre. Nessa linha, por ocasião das primeiras meditações respiratórias orientadas, incluirei apenas o grau de autodisciplina inicial necessária para que você por si mesmo assuma o controle da força de atenção de sua mente e volte-a para rumos espirituais mais compensadores — neste caso, a experiência de respirar. Apresentarei também um pouco de respiração controlada à medida que, juntos, nos beneficiarmos das técnicas de controle respiratório *puraka-kumbhala-rechaka*.

Depois, irei aconselhá-lo a renunciar a toda espécie de controle — exceto a atenção geral na respiração — a fim de que possa observar os movimentos respiratórios sem de forma alguma tentar discipliná-los.

Despertar ou Iluminação

De modo semelhante, entende-se geralmente a meditação como um esforço orientado que visa a algum objetivo no futuro distante, em prol de um estado final de consciência totalmente transcendente chamado iluminação.

Eu gostaria de ressaltar que este livro e o conjunto de meditações que apresenta não pretendem conduzi-lo ao remoto objetivo de torná-lo um ser plenamente iluminado. As meditações não abordam o caminho espiritual como uma progressão linear de realização meditativa rumo a uma meta futura. O que aqui se enfatiza é a experiência, no momento presente, do processo contínuo do despertar espiritual e não o sonho de atingir um estado ideal de iluminação.

Na realidade, o despertar espiritual nunca ocorre no futuro. Ocorre apenas aqui e agora: enquanto você lê estas palavras e ao mesmo tempo presta atenção à respiração, está vivenciando o despertar espiritual. A caminhada do espírito é, em si e por si, o próprio despertar.

Todo capítulo e toda expansão de meditação, neste livro, pretendem encorajar o leitor a compreender que aqui mesmo e agora mesmo, sem nenhuma necessidade de mais treinamento ou disciplina, ele se encontra no momento presente. Bastar-lhe-á prestar atenção e examinar, pois verá.

Reza o folclore zen: "Ir para lugar nenhum, nada fazer". Tudo o que se espera de você é que desperte para a realidade de ser uma criatura iluminada por natureza. E, para despertar, ser-lhe-á suficiente prestar atenção ao contínuo e miraculoso desdobramento do eterno instante atual.

Como muitas vezes cantou Ram Dass, não temos nada a fazer exceto "estar aqui agora". Alan Watts explorou a mesma constatação num livro que traz o título inequívoco de *This Is It* ("É Isso Aí"). O reino dos céus está de fato próximo.

Portanto, não percamos tempo pensando na iluminação futura ou preparando-nos para ela. Apenas concedamos a nós mesmos a permissão de despertar... agora mesmo.

Percepção da Respiração: Meditação Orientada 1

Vou agora guiá-lo ao longo de nosso primeiro processo formal de expansão da consciência, a meditação de percepção do ato respiratório, que você tem aprendido peça por peça neste capítulo. Em sua forma plena, e com a assistência de áudio que encontrará na Internet (em inglês) ou no CD, essa meditação o conduzirá através de uma experiência interior que durará de sete a oito minutos. Uma vez memorizado o processo, você poderá ampliar esse tempo ou encurtá-lo.

O importante é que, graças à disciplina obtida pela atenção regular à respiração, você começará a desenvolver o hábito espiritual de conscientizar-se desse ato com freqüência cada vez maior, onde quer que esteja e não importa o que faça. O objetivo consiste em aprender a ficar atento à respiração pela maior parte do dia, fazendo com que uma intensa qualidade de consciência meditativa permeie sua rotina e vida diária.

Quem preferir minhas instruções orais ao longo do processo, em vez de ler e memorizar as etapas (os dois métodos são ótimos!), deve acessar o *site* www.7masters (em inglês) ou ouvir o CD.

Antes de iniciar a meditação de percepção do ato respiratório, assuma uma posição cômoda, de preferência sentado com o tronco ereto, ou então deitado de costas e mesmo de pé. Descontraia-se e fique à vontade. Sem fazer absolutamente nada, comece por sentir seu corpo... Deixe sua mente vagar de cá para lá com inteira liberdade... Observe se a respiração está tensa ou relaxada, entrecortada ou regular... Não julgue sua respiração, apenas observe-a.

Não se coíba de executar quaisquer movimentos corporais que lhe acudirem espontaneamente. Sinta-se livre para agitar a cabeça... os braços e as mãos... o tronco... em qualquer direção. Respire algumas vezes pela boca... estire o corpo, se isso lhe convier... levante as mãos para o alto... boceje profundamente...

Agora, apenas relaxe... procure uma posição confortável e equilibrada para meditar, mas sem esforço... Respire normalmente... repare na postura que sua coluna tende a assumir... instale-se a gosto a fim de iniciar a meditação...

Volte de novo a atenção para o ato de respirar... concentre-se na ponta e no revestimento interno do nariz... sinta o ar entrando e saindo pelas narinas e a boca...

A seguir, enquanto respira, expanda a percepção para incluir as sensações provocadas pelos movimentos do peito e do abdome...

Durante dois minutos, pratique a respiração equilibrada *Pranayama*... inspire contando até 4... suspenda contando até 2... expire contando até 4... suspenda contando até 2... inspire contando até 4... suspenda contando até 2, e assim por diante.

Agora já pode soltar a respiração... deixar que o ar entre e saia à vontade... que a respiração se interrompa por si mesma, e por si mesma recomece... Limite-se a observar o ato, sem nunca interferir em seu fluxo natural para dentro e para fora... reparando ao mesmo tempo nos movimentos do peito e do abdome.

Diga a si mesmo: "Estou respirando livremente". E pelos próximos minutos, se assim quiser, reflita no significado da respiração... contemple essa experiência de todos os pontos de vista... examine o que querem dizer os movimentos respiratórios regulares... o que quer dizer respirar...

Então, se estiver pronto, mergulhe na quietude iluminadora da meditação profunda enquanto se concentra no ar que entra e sai... livremente.

CAPÍTULO 2

Para Serenar a Mente — Lao Tzu

Na meditação, nada há de mais profundo que dominar o processo de aquietar nossos pensamentos e mergulhar num estado de serenidade interior. Se pelo menos conseguirmos calar a tagarelice crônica da nossa mente, não precisaremos de nenhuma prática formal de meditação.

Não há, é claro, nada de errado com o pensamento em si — desde que não fiquemos o tempo todo sendo bombardeados por idéias, sem pausas de desafogo mental para revigorar o espírito. O que a meditação oferece é um equilíbrio saudável entre a azáfama do pensamento ininterrupto e a paz interior, a lucidez de uma mente tranqüila.

Neste capítulo pretendo animá-lo a começar a observar, com a maior freqüência possível, os pensamentos que lhe atravessam a mente. Eles o fazem sentir-se bem? Induzem-no a participar do mundo com ações positivas? Ou esse fluxo habitual de idéias consiste mais em preocupações, críticas, antagonismos e conflitos?

A verdade psicológica nua e crua é que muitos de nós devotamos tempo demais, dia após dia, a pensamentos negativos prontos a estimular diretamente emoções como a cólera, a ansiedade, a depressão, a confusão, etc. A combinação desses pensamentos e emoções tende a perturbar nossa vida gerando problemas de saúde ligados ao *stress*, conflitos de relacionamento, dificuldades no trabalho, confusão e tormentos da alma.

Você descobrirá que toda vez que decide fazer uma pausa para meditar, seja por dois minutos, vinte minutos ou duas horas, traz para a meditação um pesado fardo de pensamentos que insistem em dominar sua mente. Pensamentos alegres, positivos e benignos são usualmente fáceis de eliminar para se entrar no estado de meditação profunda. Mas os que nos aborrecem ou atormentam quase sempre se recusam a ir embora e conceder-nos paz de espírito. A voz interior de seu ego teimará em que não há tempo para deixar de inquietar-se e remoer, que é essencial para você continuar matutando a fim de resolver um problema, arquitetar planos importantes, permanecer imerso em seu mundo conceitual — em vez de suspender o fluxo das idéias e concentrar-se no mundo concreto no momento presente.

Há muitos mil anos atrás, entre os sábios taoístas da China antiga, a mente crítica e analítica já fora corretamente identificada como responsável não apenas pelas bênçãos humanas da vida, mas também por suas maldições. Eles viam com clareza que, aferrando-se a pensamentos embasados na memória, na imaginação, nas crenças e nos pressupostos, os seres humanos adquiriram amplos poderes para raciocinar logicamente, refletir sobre as experiências passadas e manipular o mundo em vantagem própria. No entanto, como o pensamento é uma função mental do passado e do futuro, acabamos por perder contato com a experiência suprema de participar espontaneamente do instante atual.

A meditação visa solucionar o dilema do envolvimento com os pensamentos fazendo-nos distanciar temporariamente da barragem constante de idéias originárias de nossa realidade interior virtual e mergulhar num estado de consciência profunda. Aprendendo a calar pensamentos vigilantes que nos passam pela mente sem nos apegarmos a eles, liberamo-nos da identificação crônica com a noção limitada do ego sobre o que é a vida e abrimo-nos para uma sabedoria espiritual, uma lucidez e uma compreensão maiores. Serenando a mente reflexiva dominante, despertamos a consciência espiritual latente; livrando-nos das preocupações e sofrimentos mentais, usufruímos da vida com mais plenitude.

Na tradição taoísta, quando calamos nossos pensamentos durante a meditação, deixamos de manipular o mundo com base em nossas fantasias sobre como as coisas deveriam ser. Alcançamos um sentimento humilde de paz simplesmente observando e respondendo de modo direto ao que acontece no momento presente, sempre novo.

O Sábio Relutante

Lao Tzu nasceu no sul da China, província de Ch'u (hoje Hunan), há cerca de 2.500 anos — mais ou menos um século antes de Buda ver a luz numa alta montanha da Índia. Vivendo vida muito sossegada, Lao Tzu passou para a posteridade graças a um único feito de monta: a redação de um pequeno volume de reflexões espirituais chamado *Tao Te Ching*, desde então publicado em mais línguas do que qualquer outra obra, com exceção da Bíblia.

Esse notável autor nunca foi famoso durante sua longa existência, que segundo alguns registros teria ultrapassado largamente os cem anos. Pouco sabemos sobre seu cotidiano, a não ser que no início da idade adulta mudou-se para Loyang e tornou-se curador dos arquivos imperiais da Casa Chou por pelo menos cinqüenta anos. Trabalhava na biblioteca do imperador, sempre reservado e tido por místico de grande sabedoria. Durante sua longa permanência nos arquivos imperiais não escreveu (pelo que sabemos) absolutamente nada nem permitiu a aproximação de discípulos.

Mas sabemos pelos escritos de Chuang Tzu, o maior mestre taoísta depois de Lao Tzu, que o venerável filósofo Confúcio (nascido uma geração depois de Lao Tzu) certa feita encontrou-se com ele. E Lao Tzu teria dito àquele que logo se tornaria um eminente filósofo e moralista: "Livre-se do orgulho e da profusão de desejos, da complacência e da ambição excessiva. Isso não lhe fará bem nenhum. É só o que tenho a dizer-lhe".

Depois dessa famosa entrevista com o ancião, o jovem Confúcio confessou a seus discípulos: "Não sei como os dragões voam ao vento e em meio às nuvens, alcançando as alturas do céu. Vi Lao Tzu hoje. Ele se parece com um dragão".

Até onde podemos determinar, Lao Tzu levou uma vida singela e contemplativa durante a qual aprendeu, passo a passo, a praticar aquilo que chamou de "Caminho" — *Tao*, em chinês. Parece que, ao longo da vida, caminhou muito e falou pouco. Segundo Henry Wei em seu excelente livro *Lao Tzu: The Guiding Light*,

> Lao Tzu pode, com justiça, ser considerado um inspirador imortal. Seus ensinamentos constituem um brilhante farol a guiar o espírito humano para a realização suprema. ... Levou vida longa, sossegada e estudiosa para depois desvanecer-se do cenário humano e deixar após si uma parcela compacta de sabedoria sublime em forma de gloriosos poemas. ... Não era exatamente um eremita ou recluso; apenas amava a contemplação. Preferia a penumbra e o silêncio da biblioteca, devotando-se ao cultivo interior e à busca da verdade, vivendo serenamente a seu gosto.

O império a que Lao Tzu servia, dos Chou, começava a decair. Por fim o ancião fartou-se da cidade e resolveu ir embora. Simplesmente pôs-se a caminhar para oeste, rumo a um distante desfiladeiro. Chegando à fronteira do império Chou, foi detido pelo guarda alfandegário, um homem chamado Yin Hsi, que lhe perguntou: "Antes de deixares para sempre o mundo, poderias escrever algumas palavras em benefício de nosso esclarecimento?"

Lao Tzu concordou, é claro, pois antes de atravessar os portões e desaparecer em terras estrangeiras, para levar não se sabe que tipo de existência, deixou nas mãos de Yin Hsi uma pequena coletânea de 81 poemas curtos e reflexões, totalizando apenas umas cinco mil palavras.

O taoísmo, de um modo geral, recebeu grande impulso dos vigorosos ensinamentos de Lao Tzu. Ele era um verdadeiro pensador revolucionário que desafiou às claras o *statu quo* e enfatizou as humildes qualidades humanas a que se possa aspirar; mediu a grandeza, não pela fortuna ou pelos feitos, mas pela integridade pessoal e harmonia interior. Das lições do *Tao Te Ching*, deduz-se que ele defendia os líderes preocupados com o bem-estar do povo e condenava veementemente a guerra, a violência, a corrupção no setor público, os impostos exorbitantes e toda interferência indevida nos assuntos da comunidade. Lao Tzu postulou uma liderança ideal, invisível e esclarecida, que conhecesse em primeira mão a senda espiritual que conduz ao bom governo. Desde então, estadistas inteligentes e líderes de todas as áreas têm valorizado seus preceitos e orientações.

A Realidade Suprema

O *Tao Te Ching* enfatiza constantemente nossa capacidade natural para a transcendência. Uma das maiores contribuições da tradição taoísta é a visão da experiência transcendente, não como algo separado ou "diferente", mas como integração plena do exterior e do interior, do corriqueiro e do místico, do pragmático e do inefável. O Tao é uma vereda que todos podemos percorrer com tranqüilidade, sem medo de despencar em algum abismo esotérico, pois ele aponta diretamente para a realidade cotidiana e sustenta que aqui mesmo, na rotina diária, encontraremos a transcendência — o Tao.

Graças a notáveis esforços de erudição e sua visão intuitiva do *Tao Te Ching*, Henry Wei delineou seis traços fundamentais da meditação, tais quais esboçados por Lao Tzu e seus seguidores, que levam à realização mística. Esses passos ou qualidades são fortes indicadores que nos apontam o caminho espiritual a ser seguido em nossa vida.

Você certamente notará que o programa de meditação deste livro muito se assemelha com os conceitos e orientações da tradição taoísta representada por Lao Tzu. Com efeito, o caminho místico é por natureza universal, moldado não por ruminações e diferenciações intelectuais, mas pela experiência interior comum que todos obtemos quando voltamos a atenção para determinados pontos, abrindo nosso coração e alma à realidade superior.

Passo 1: Atenção no Centro

O primeiro passo recomendado por Lao Tzu na meditação mística consiste em voltar a atenção para o centro do ser interior mediante um ato de concentração mental. O fundador do Ch'an ou Zen Budismo na China, Bodhidharma, dá este conselho sucinto com respeito à meditação: "Visemos à mente do homem, sua verdadeira natureza interior". Nesses termos, o próprio Lao Tzu faz a pergunta meditativa crucial: "És capaz de concentração sem dispersão?"

Passo 2: Ternura ao Respirar

O segundo aspecto da abordagem taoísta à meditação é a percepção da experiência respiratória. Os antigos chineses davam grande importância à contagem das respirações durante a fase inicial da meditação.

No entanto, Lao Tzu não forneceu nenhuma instrução sobre o controle respiratório. Ocupava-se mais do processo natural de respirar: "Harmonizando a respiração para induzir a ternura, poderás tornar-te de novo uma criança?" Em outras palavras, será possível liberar a tal ponto a respiração que ela escape às coações emocionais e aos hábitos contraídos? Conseguirá você respirar naturalmente?

Passo 3: Limpar a Mente

De novo Lao Tzu faz uma de suas perguntas de impacto: "Ao limpar e purificar o Espelho Místico, consegues livrá-lo das manchas?"

Precisamos livrar-nos dos pensamentos crônicos que percorrem nossa mente, poluindo e enxovalhando nossa experiência com terrores, cóleras e noções manipuladoras que perturbam nossa calma costumeira. Quando a mente se aquieta e pára de julgar, manipular e combater o caminho natural, então estamos diante do terceiro aspecto da meditação de Lao Tzu.

Passo 4: Amar Sem Interferir

O quarto aspecto da meditação taoísta é conhecido usualmente pelo termo original chinês *Wu Wei*, que se refere ao "desempenho sereno e sem esforço dos deveres diários" ou à "não-interferência proposital no curso espontâneo e livre do Tao".

Lao Tzu pergunta ainda, para esclarecer sua compreensão dessa prática: "Amando o povo e gerindo o Estado, podes praticar a não-interferência?"

Em suas lições do *Tao Te Ching*, ele aconselha enfaticamente que cultivemos de bom grado uma vida pacífica, não impondo nossa vontade pela manipulação de emoções e atos agressivos. Nesse mesmo espírito, podemos encarar nossa própria vida interior com disposição amável para aceitar o que somos sem tentar modificá-lo, assim como governamos nossa mente com serenidade e não pela força ou a manipulação.

Passo 5: Rendição ao Feminino

O quinto aspecto da meditação mística ensina-nos a fazer com que nossas qualidades femininas, mais suaves, mais intuitivas e menos dominadoras, venham à tona a fim de que nos rendamos em vez de comandar, sejamos receptores em vez de emissores, amemos em vez de lutar.

De novo Lao Tzu faz a pergunta capital sobre o tema em apreço: "Quando os Portões Celestes se abrem e fecham, podes desempenhar o papel do Feminino?"

Essa pergunta refere-se à noção dualista de *yin* e *yang* na cultura chinesa: o Um se divide, mercê dos poderes criadores do Tao, em duas qualidades energéticas opostas, que a seguir dão nascença às "dez mil coisas". Aqui, Lao Tzu recomenda, quando os Portões do Céu se abrirem para penetrarmos num estado místico de consciência, que nos sujeitemos a essa experiência em lugar de tentar manipulá-la.

Passo 6: Buscar o Equilíbrio

O sexto aspecto da união mística, segundo Lao Tzu, é o cultivo da equanimidade perfeita: "Quando a luz brilha em todas as direções, podeis ignorar que é a equanimidade perfeita?"

Aqui, ele diz que permanecemos equilibrados e desapegados quando penetramos num profundo estado de ser espiritual e nossa luz "brilha em todas as direções". Esse estado lembra a

Transfiguração de Jesus: "Depois de seis dias Jesus conduziu Pedro, Tiago e João para o alto de uma montanha isolada e transfigurou-se diante deles. Sua face brilhava como o sol e sua veste ficou branca e mui resplandecente".

Quando atingimos um grau elevado de compreensão (ou, mesmo, realizamos algo de grande na vida), nosso desafio não é ficar excitados e inflados de orgulho, mas permanecer calmos, humildes e em "equanimidade perfeita" se quisermos eternizar esse estado profundo de consciência.

Pare e Experimente

Enquanto você lê estas palavras que continuam fluindo pela página, procure perceber sem nenhum julgamento se está consciente de sua respiração ou se esta lhe escapou... de novo, encete o processo passivo de atentar para a respiração... para o ar entrando e saindo pelas narinas... para os movimentos do peito e do abdome... e para as pulsações do coração durante o ato de respirar. Sinta-se plenamente aqui e agora...

O Caminho Natural

Na abordagem taoísta da vida, observamos a natureza (nós mesmos) tal como ela é e aprendemos a participar sem manipulação do desdobramento espontâneo do momento presente. Vejamos agora como aplicar a abordagem *Wu Wei* à nossa própria rotina de meditação, mesclando a antiga sabedoria com algumas técnicas psicológicas avançadas que nos ajudarão a abolir, sem esforço, o controle sobre a mente e serená-la.

Para a meditação budista *Vipassana*, as instruções são muito simples: apenas observe a respiração e tente concentrar-se mentalmente nessa experiência por, digamos, meia hora ou uma hora a cada vez. Essa é uma abordagem *Wu Wei* autêntica e basta para muitas pessoas: dirige a atenção para o ato de respirar enquanto você se esforça para concentrar-se nele, e dá-lhe inteira liberdade para explorar o que acontece sem tentar modificar nada.

Isso, sem dúvida, é mais fácil de dizer do que de fazer. Os pensamentos sempre tentam desviar sua atenção da respiração, voltando-a para o passado e o futuro, bem longe do momento atual. Quando isso acontece, você deve simplesmente observar os pensamentos enquanto cruzam sua mente, sem se deter neles, depois deixá-los ir e retornar ao enfoque na respiração. Nossa tendência é mergulhar repetidamente nos pensamentos, portanto convém sempre trazer a atenção de volta à respiração. Repetidamente.

Gosto muito desse tipo de meditação e recomendo-a com insistência. Você notará que o primeiro passo em nosso programa parece-se bastante com ela. No entanto, conheci pessoas que lutaram com a meditação *Vipassana* e por fim desistiram porque sua mente tagarela não lhes dava repouso.

Na prática da meditação, sobretudo no começo, parece às vezes que serenar a mente é coisa impossível. Ora, evidências psicológicas recentes mostram o contrário. Os seres humanos são, sim, capazes de serenar o fluxo de pensamentos à vontade. Além disso, alguns truques mentais que podemos pôr em prática conseguem acalmá-lo sem esforço e quase imediatamente — durante a meditação formal ou quando desejarmos alcançar a paz interior.

Mudança Cognitiva

Há alguns anos, tive a sorte de estar no lugar certo na hora certa para participar de uma importante pesquisa sobre meditação conduzida por Humphrey Osmond no New Jersey

Neuro-Psychiatric Research Institute. Durante minha estada ali, fizemos uma descoberta aparentemente simples que vem me intrigando desde então. Não faz muito, graças a novos estudos na mesma área, essa descoberta revelou-se um meio notável de aquietar o fluxo de pensamentos quase instantaneamente, sem emprego de nenhum recurso psicológico.

Para nossos propósitos aqui, o conceito-chave extraído dessa pesquisa é o seguinte: quando uma pessoa está pensando ativamente (como documentado pelo equipamento de eletroencefalograma) e se concentra em determinada percepção como um som, uma sensação tátil ou uma imagem, as ondas cerebrais permanecem basicamente inalteradas e os pensamentos continuam a atravessar a mente. Podemos expandir nossa atenção para incluir dados perceptivos e ainda assim prosseguir pensando ativamente sem perder a concentração nas idéias.

Todavia, os pesquisadores descobriram que, quando a mente humana se fixa em dois dados sensoriais distintos ao mesmo tempo (por exemplo, um som e uma imagem, a respiração e as pulsações cardíacas), todos os pensamentos cessam imediatamente de fluir. A máquina pensante pode entrar em curto-circuito apenas pela fixação, no mesmo instante, em dois dados perceptivos.

Você saberá mais a respeito de pesquisas adicionais sobre essa descoberta em atualizações, mas já conhece o emprego desse recurso psicológico. Tão logo você se concentra na sensação da passagem do ar pelas narinas e, ao mesmo tempo, nos movimentos do peito e do abdome, mergulha de pronto no estado expandido em que os pensamentos crônicos tendem a desvanecer-se.

Aqui, a premissa científica é que, quando respira, você está continuamente enfocando um ponto e executando o que em psicologia cognitiva se chama o ato de "fixação pontual". Pensar significa focalizar a atenção, de modo linear, numa palavra ou frase ao mesmo tempo, para em seguida voltar o foco para a próxima palavra ou frase. É exatamente o que está fazendo enquanto lê este livro. Pensar é, sobretudo, uma função de fixação pontual gradativa e linear. Pela maior parte do dia, ficamos absorvidos nesse processo — atentando para determinado ponto no espaço ou para uma série de palavras que nos cruzam a mente uma depois da outra. Chama-se a isso pensamento dedutivo linear — ponto por ponto.

Quando você amplia a atenção para incluir duas coisas ao mesmo tempo, muda por completo seu sistema de enfoque, passando da fixação pontual para a fixação espacial.

À guisa de experiência, observe os dois pontos impressos abaixo em espaços diferentes. Fixe um por vez, passando de um a outro. Em seguida, descubra o que acontece ao contemplar ambos ao mesmo tempo.

*   *

Quando você deixa de observar um ponto de cada vez e passa a olhá-los ao mesmo tempo, algo de fundamental e mesmo transcendente acontece em seu aparato mental. A mente, focalizando o todo ao invés das partes, transfere-nos do nível mundano para o nível místico de consciência.

Considere este exemplo universal. Quando você olha pela janela ou está passeando e, de súbito, vê-se diante de um magnífico crepúsculo que o emociona, fixa-se num ponto do espetáculo e depois passa a outro? Claro que não. Você se sente tocado pela beleza do crepúsculo quando, de repente, ignora a fixação pontual e contempla o espetáculo como um todo. Essa mudança de enfoque mental e não a simples presença visual do pôr-do-sol é o que prontamente o mergulha num estado transcendente.

Você descobrirá que o mesmo acontece ao deparar com uma coisa bonita que o enche de encantamento místico, seja uma flor ou uma canção. Você não examina o rosto da pessoa amada ponto por ponto, quando está tomado de paixão. Ao contrário, no ato de amar você vê "o todo de uma só vez" — e assim ativa uma experiência interior bem diversa da fixação pontual.

Mas você não precisa acreditar em mim; como disse Krishnamurti a vida inteira, nós mesmos é que temos de descobrir a verdade.

O Olhar Místico

Eis outro experimento que exercitará sua capacidade de adentrar esferas místicas de consciência à vontade e quase imediatamente. Descubramos a diferença entre olhar para um ponto, depois para dois e finalmente para três ao mesmo tempo.

*   *
   *

1. De início, por meio da fixação pontual, olhe de um ponto para outro, concentrando fortemente a mente em um de cada vez. Percorra o triângulo três ou quatro vezes, observando a mudança que ocorre em sua mente.
2. Tome consciência de sua respiração enquanto isso e, a cada inspiração, transfira a atenção visual de um ponto a outro, concentrando-se intensamente em cada um. Notará que, ao incluir a respiração em sua esfera perceptiva, já estará se movendo rumo a uma experiência de expansão.
3. Sempre atento à respiração, enfoque os dois pontos de cima ao mesmo tempo e observe como sua percepção do espaço entre você e o papel se materializa pela inclusão concomitante dos dois pontos.
4. Agora enfoque os três pontos ao mesmo tempo e abra-se para uma experiência mística sutil na qual terá transcendido o pensamento e a percepção linear para conscientizar-se do Um.

Você já deve ter percebido que, a fim de contemplar um conjunto de objetos ao mesmo tempo, seus olhos precisam voltar-se ligeiramente para dentro e deter-se, não diretamente na superfície da página, mas alguns centímetros antes dela. É o que se chama "fixar o olhar" em alguma coisa: deixa-se de enfocar um ponto e volta-se toda a atenção da mente para o espaço diante daquilo que se pretende ver. Passamos então a uma nova dimensão que inclui espaço e volume. Tudo se torna um pouco mais suave quando, de súbito, abandonamos o achatamento do espaço bidimensional (fixação pontual) e penetramos no espaço tridimensional (fixação espacial).

Quando você operar essa mudança básica, sentirá que está até certo ponto renunciando ao controle. A fixação pontual é excessivamente masculina — tem muito a ver com precisão, com exame acurado. Já no caso da fixação espacial ou visão concomitante de conjunto, renunciamos a esse controle, sujeitamo-nos ao todo e tornamo-nos mais femininos — como recomenda Lao Tzu.

Espaço Respiratório

O despertar espiritual é geralmente tratado em termos de expansão da consciência. Quase todos vivemos nossa vida presos a apenas duas dimensões. É importante compreender que, quando pensamos — o que acontece na maior parte do tempo —, existimos num mundo linear bidimensional que não tem profundidade nem espaço.

O pensamento é, por natureza, indubitavelmente bidimensional. Mesmo ao focalizar a atenção na respiração, quando ela toca primeiro a extremidade do nariz, estamos passando por uma experiência sobretudo bidimensional, sem profundidade, volume ou espaço.

No entanto, quando você expande sua percepção para incluir tanto a respiração nasal quanto a torácica, algo de notável acontece no âmago de sua mente: você, de súbito, se sente dotado de volume! A primeira expansão é em tudo tão maravilhosa quanto as futuras expansões de consciência, porque partir da superfície para o volume representa uma poderosa conscientização do verdadeiro espaço tridimensional. Trata-se, ademais, de uma expansão radical que podemos experimentar a qualquer tempo, bastando-nos recorrer à simples meditação respiratória que já aprendemos.

Se você desejar experimentar a expansão da consciência todos os dias, utilizando seu potencial místico para entrar em contato com o eu profundo, apenas comece a meditação com técnicas que façam sua percepção ultrapassar as esferas bidimensionais da fixação mental e atingir a fixação espacial em três dimensões. Toda vez que fizer isso sentir-se-á vivo novamente.

Pare e Experimente

Dado que a prática leva à perfeição e que a experiência é o objetivo da espiritualidade, encaremos de novo o processo. Depois de ler este parágrafo e pôr o livro de lado, relaxe e concentre a atenção no ar que entra e sai por suas narinas ou boca. Focalize sobretudo o ponto pelo qual o ar penetra... Verifique se pensamentos ainda cruzam sua mente... e a seguir expanda a percepção para incluir tanto o ar que flui pelo nariz quanto os movimentos do peito e do abdome, à medida que respira... Note a súbita sensação de expansão, o volume do corpo... e, entrementes, inclua na consciência o coração a bater no curso da respiração...

Outros Modos de Serenar a Mente

Alguns leitores acharão o processo de mudança cognitiva fácil de dominar. Mas, para aqueles que o considerarem um tanto difícil, apresento algumas variações sobre o tema básico a ser explorado. Saibam que quanto mais tempo e atenção despenderem agora mesmo, dominando o processo básico de mudança (da fixação num ponto para a visão global), mais profundas serão as próximas meditações e mais serena permanecerá sua mente.

Variação 1: Duas Sensações Táteis

Dado que a própria respiração possa ser difícil de enfocar a princípio, tente o seguinte. Com o dedo indicador esquerdo, esfregue suavemente a perna esquerda traçando pequenos círculos e procure captar a sensação provocada por esse ato. Ao mesmo tempo, com o indicador direito, repita a operação na perna direita. Você descobrirá que, atentando para duas sensações táteis ao mesmo tempo, sua mente se afastará inteiramente dos fluxos habituais de pensamento. Pratique esse exercício com regularidade para familiarizar-se com a experiência de mudança cognitiva.

Escolha as sensações táteis que preferir. Eu próprio noto que, esteja onde estiver, consigo quase imediatamente expandir minha experiência de vida concentrando-me numa sensação óbvia (a de meu pé esquerdo tocando o chão) e em seguida reparando em outro dado sensorial (meus dedos percorrendo o teclado). O objetivo consiste em serenar metodicamente o fluxo de pensamentos a fim de vivenciar com serenidade o eterno momento presente.

Experimente: faça pequenos círculos com o indicador esquerdo na perna esquerda... e ao mesmo tempo toque a perna direita com o indicador direito... Concentre-se inteiramente na experiência do aqui-e-agora... usufrua a paz mental que advém quando você passa do modo cognitivo do passado-futuro para o presente eterno da serenidade espiritual.

Variação 2: Respiração e Som

Onde quer que esteja e não importa o que faça, poderá mergulhar imediatamente no modo meditativo de quietude e lucidez respiratória conscientizando-se, primeiro, do ar que flui por seu nariz ou boca e, em seguida, expandindo a percepção para incluir os sons que chegarem à sua mente. Se ouvir sem prestar atenção à respiração, sua mente se voltará para associações e pensamentos referentes aos sons que escutar. Mas fixando-se na respiração e nos sons ao mesmo tempo, a mente deixa escapar a fixação pontual e expande-se. E, uma vez aquietada a mente, você passa a vivenciar apenas o momento presente — o que, em verdade, é meditação.

Pare e experimente suas sensações respiratórias... e ao mesmo tempo amplie a percepção para incluir os sons que chegarem naturalmente até você...

Variação 3: Respiração e Visão

A próxima variação provém de diversas escolas de meditação budistas. Tome consciência de sua respiração sempre que a constatar em seu corpo e, ao mesmo tempo, amplie a percepção para incluir qualquer objeto que esteja em seu campo visual. Contemple-o e cientifique-se de sua existência enquanto permanece profundamente atento às sensações respiratórias. De novo, os pensamentos desaparecerão naturalmente — a menos que você interrompa a percepção da respiração ou da experiência visual.

> Olhe à volta e descubra alguma coisa que goste de ver... mantendo sempre a atenção visual voltada para esse objeto, expanda a percepção para incluir a sensação do ar que entra e sai por suas narinas ou pela boca... note como mergulha num estado mental expansivo, descontraído, com os pensamentos aquietados...

Variação 4: Pés Juntos

Depois que você dominar a técnica de mergulhar na percepção do todo, poderá tornar o processo ainda mais sutil desenvolvendo o hábito de manter-se continuamente atento a partes do corpo como os pés, os joelhos, os cotovelos ou os pés no chão e as nádegas na cadeira. Se transformar essa percepção ampliada em novo hábito positivo, você conseguirá sustentar-se na consciência totalizante mesmo quando não estiver meditando — e, assim, acalmar o corpo, controlar as emoções e dirigir os pensamentos para um estado de visão intuitiva.

Variação 5: Conte com Bach e com o Rock

Muitas das coisas que gostamos de fazer trazem em si o processo de "mudar o enfoque da fixação pontual para a fixação espacial". Fazer amor é, seguramente, um dos exemplos mais agradáveis de "duas ou mais sensações concomitantes". A música, outro. Uma das razões pelas quais amamos a música é que ela atrai nossa atenção para o todo. Uma composição musical permite que não apenas um, mas dois ou mais instrumentos, além da melodia e da harmonia, se ofereçam à atenção da nossa mente ao mesmo tempo. Podemos nos fixar em apenas um instrumento ou voz de cada vez; mas ouvir música se torna uma experiência transcendental quando atentamos conjuntamente para o instrumento de apoio e o principal, para duas ou mais vozes cantando em uníssono, para a percussão e os sopros soando numa experiência sonora unificada. As linhas melódicas agudas e graves de Bach induzem-nos naturalmente a voltar nossa consciência para esferas místicas quando as ouvimos ao mesmo tempo, como um todo.

O Silêncio Transcendente

Alan Watts costumava dizer em suas palestras sobre o caminho espiritual que "meditar é calar os pensamentos".

Não significa isso que todos os nossos pensamentos desapareçam para sempre depois de meditarmos. Serenar a mente não é algo que consigamos de uma só vez e em definitivo. Todos os dias, gastamos bastante tempo pensando; mas a cada dia podemos também reservar períodos regulares — às vezes, lapsos de apenas uns poucos minutos — para penetrar num estado de quietude onde vamos além dos pensamentos.

Em outras palavras, você pode conseguir uma harmonia saudável entre o pensamento e a quietude.

Eis o ponto capital. O silêncio interior não bloqueia o burburinho da vida à nossa volta nem sufoca as batidas de nosso coração ou o ruído do ar entrando e saindo por nosso corpo. A quietude é um estado de consciência no qual os sentidos se adiantam enquanto a cognição retrocede. Quando atentamos plenamente para os sons à nossa volta, percebendo-os como elementos de vida, fundimos nossa consciência pessoal com a consciência suprema.

Toda vez que meditamos, a tagarelice frenética de nossa mente que fala é substituída pela serenidade de nossa mente que ouve. Você ainda chegará a um ponto em que a experiência natural do volume de seu corpo e do volume do que o cerca, uma vez suscitada pelos sentidos, o conduzirá para a realidade mística do momento presente e eterno.

Muitos de nós presumimos que, uma vez aquietada a mente, não mais pensaremos durante a meditação. Não é verdade. Uma das principais razões para meditar é aprender a entrar em contato com nossa sabedoria profunda. Quando a mente reflexiva se cala por tempo suficiente, podemos ouvir o que nosso próprio coração tem a nos dizer.

Com freqüência, bem no meio dessa abençoada quietude, irrompem certos pensamentos, idéias ou ruminações da mente intuitiva, contemplativa. Mas se você se concentrar no coração, começará a ouvir uma voz proveniente não do centro pensante costumeiro, mas de uma fonte mística mais profunda.

Foi sem dúvida a essa sabedoria interior que Lao Tzu se referiu ao dizer:

> Sem sair porta afora, pode-se conhecer o mundo. Sem olhar pela janela, consegue-se avistar o Caminho do Céu. Quanto mais longe se vai, menos se aprende. Por isso o Sábio conhece sem viajar, percebe sem ver, realiza sem agir.

Sempre que mergulhamos na meditação, seja por dois, trinta minutos ou mais, estamos dirigindo nossa atenção para essa profunda fonte interior de conhecimento. A finalidade é calar os pensamentos pertinazes que perturbam nossa lucidez; dilatar a percepção numa experiência plena do volume portentoso e das dimensões múltiplas da vida; e, finalmente, abrir-nos para as luzes da orientação, da cura e da comunhão.

Encerremos este capítulo com uma experiência cabal do processo. Iniciá-lo-ei acompanhando você na meditação que aprendeu no primeiro capítulo (percepção da respiração) e passando em seguida, rapidamente, para a nova respiração (tranqüilização da mente). Você notará que ambas se fundem num fluxo homogêneo que acalma naturalmente a mente. Enquanto estiver concentrado na respiração, será conduzido sem esforço para um estado de quietude... contemplação... e, a certa altura da contemplação, para a meditação profunda... e mais além...

Para serenar a mente: Meditação Orientada 2

Relaxe e coloque-se em posição cômoda, de preferência sentado com o tronco ereto ou deitado de costas... sem fazer coisa alguma, apenas atentando para as sensações corpóreas. Repare se sua respiração está tensa ou descontraída... irregular ou pausada... movimente-se como queira... espreguice-se algumas vezes, se quiser... procure a posição mais confortável possível...

Sentado à vontade, sem julgamentos, apenas acompanhe o fluxo de pensamentos que lhe cruzam a mente... concentre-se um pouco neles... e deixe-os ir... para em seguida substituí-los por outros... que também se desvanecem... e cedem lugar a outros... limite-se a observá-los indo e vindo...

Agora, comece a serenar suavemente os fluxos de pensamento... volte a atenção cada vez mais para a experiência respiratória aqui e agora... sinta a entrada e a saída do ar... pelo nariz e a boca, enquanto respira...

Diga a si mesmo "Estou respirando livremente"... deixe que as inspirações e expirações ocorram sem interferência... deixe que a respiração se interrompa e recomece automaticamente... conscientize-se da passagem do ar pelas narinas... expanda a percepção para incluir também os movimentos do peito e do abdome... e atente para o coração a bater no curso da respiração...

Tente perceber quais emoções brotam de seu coração... aceite-as... deixe-as fluir... faça com que seu coração se liberte das tensões, dores e sofrimentos... permita-se ir em frente e sentir-se bem, agora mesmo...

Tome consciência de suas mãos... pés... pelve... relaxe o maxilar, a língua, os músculos faciais... atente para o corpo inteiro, aqui e no instante atual...

Amplie a percepção para incluir todos os sons que chegarem até você... deixe-os vir... e ir... acolha novos sons... e deixe-os desvanecer-se... enquanto respira... e frui a paz do momento...

Respiração... coração... o corpo inteiro... sons... o momento presente... inundando-o... o corpo relaxado e equilibrado... o ar entrando... e saindo...

Diga a si mesmo: "Minha mente está serena..."

Em meio a essa paz profunda, reflita nas palavras de Lao Tzu: "Voltar às raízes traz a serenidade..."

Quando estiver pronto, mergulhe na meditação profunda...

CAPÍTULO 3

Para Aceitar a Verdade – Buda

Reservamos dois capítulos para explorar as duas primeiras meditações de nosso programa dos *Sete Mestres*. O tempo que despendemos aprendendo a voltar a atenção de modo firme e regular para o momento presente não foi desperdiçado. Como afirma a maioria dos mestres da meditação, "O reino dos céus está próximo" — aqui e agora. Com vistas a esse objetivo, Buda ensinou sua meditação *Vipassana* universalmente praticada, que se concentra na percepção do ato de respirar e de tranqüilizar os fluxos de pensamento. Como explica Alan Watts com muita simplicidade em *Still the Mind*:

> Depois de encontrar uma postura cômoda, faça com que sua percepção mergulhe na respiração. ... Você não deve tentar cultivar um certo tipo de respiração; basta-lhe concentrar-se, calmamente, no ato de respirar. Deixe que o ar entre e saia à vontade. É o suficiente. Seu corpo ficará sereno e sua mente, a dada altura, também se aquietará. Eis o processo essencial da meditação.

A vida, com efeito, seria maravilhosa se tudo o que tivéssemos de fazer para alcançar a serenidade e a lucidez interior fosse obedecer a essas breves instruções sobre a técnica de meditar. Se nossa mente reflexiva se submetesse fácil e regularmente, sossegando e deixando-nos em paz, poderíamos interromper aqui mesmo a leitura deste livro.

Mas, embora Buda e muitos mestres espirituais antes e depois dele ensinassem que a percepção da respiração é o enfoque principal, reconheceram também que para a maioria das pessoas essas instruções singelas não funcionam. Por causa de nosso ego poderosamente dominante, muitos de nós precisamos de expansões de consciência adicionais para alcançar uma boa prática espiritual de meditação.

A Solução do Dilema

A finalidade da terceira meditação é descobrir diretamente as preocupações que nos impedem de mergulhar na meditação profunda. Essa é, sem dúvida, uma habilidade que leva tempo adquirir, por isso não se inquiete se das primeiras vezes você não conseguir praticar a terceira expansão. Afinal, não estamos nos julgando com base em nosso sucesso ou fracasso superficiais em qualquer dessas técnicas. Na verdade, o tema da terceira expansão é a renúncia a todos os tipos de pensamento crítico que nos impeçam de aceitar o momento presente tal qual é.

Pense nisto por um instante: se você pudesse aceitar-se agora mesmo, bem como a tudo e a todos à sua volta... se pudesse livrar-se da idéia de que existem coisas no mundo e partes de você mesmo que não consegue aceitar... se deixasse de resistir à realidade e se submetesse ao momento presente como criação perfeita de Deus... você conseguiria imediatamente relaxar, acatar a vida, abrir o coração e sorrir para a obra divina em vez de julgá-la.

Afora o perigo e a dor física, tudo o que agora o impede de sentir-se brilhante, satisfeito, em paz, cheio de alegria e amor é a tendência crônica e muitas vezes paralisante de sua mente a não aceitar a realidade tal como ela é no momento atual.

Se você for como os demais, achar-se-á dominado por atitudes e pensamentos negativos, desgostos, desejos e compulsões que o mantêm preso a sentimentos de ansiedade, insatisfação, cólera, desespero e aflição. Constatar isso claramente na própria vida é uma das grandes conquistas do caminho espiritual.

Somos afortunados por ter Buda como guia justamente neste ponto de nossa discussão, pois dois mil anos antes de os modernos psicólogos começarem a analisar a alma humana, Buda já examinava seu próprio íntimo e descobria a causa básica do sofrimento dos homens — e, também, a vereda que conduz ao outro lado desse sofrimento.

"Somos aquilo que pensamos", pontifica ele no *Dhammapada*. "Tudo o que somos nasce dos nossos pensamentos. ... Como poderia a mente perturbada atinar com o caminho? Uma mente sã, não mais empenhada em descobrir o que é certo e o que é errado, está além dos julgamentos e, em paz, tudo compreende."

Observe Seu Coração

No entender do Buda, aprendemos duas coisas quando dominamos o processo de meditação: olhar diretamente para a realidade que emerge no momento presente e examinar nossas crenças e atitudes que lutam contra essa realidade, identificando conscientemente as idéias e os julgamentos resultantes que atormentam nosso espírito. Desse modo, passo a passo, livramo-nos deles para alcançar a harmonia com a realidade e conquistamos cada vez mais paz, lucidez e bem-aventurança.

Disse Buda: "Tomando o falso pelo verdadeiro, ignoras o coração e cedes ao desejo. ... Vê o falso como falso e o verdadeiro como verdadeiro. Contempla o coração. Segue tua natureza".

Como outros grandes mestres espirituais, Buda muitas vezes nos insta a utilizar nossa capacidade de ver a fim de despertar para a verdade da matéria. Esse é um ato de meditação. Em vez de pensar sobre a realidade ou receber informações sobre o que é real, devemos olhar diretamente para a experiência concreta e aprender o que é verdadeiro por nós mesmos.

Contemple diretamente o que é verdadeiro... observe o seu coração... siga a sua natureza... Mas como fazer isso?

Graças à primeira e à segunda expansão de nossos *Sete Mestres*, você já começou a dominar o processo de transferir o foco, da esfera bidimensional dos pensamentos, para a presença em três dimensões de seu coração. Está, pois, a caminho de tornar-se mais afetuoso.

Buda, porém, percebeu que muita gente não consegue "olhar para o coração" porque forças condicionantes tentam impedi-la de observar seu íntimo e conhecer a verdade.

Por isso, seus ensinamentos formais vão além da meditação respiratória e fornecem-nos uma fórmula completa para encarar os julgamentos negativos e os medos que atravessam o caminho da visão clara e da vida desperta. Esse processo de liberação, quando devidamente aplicado, capacita-nos a olhar para o cerne de nossa fonte de sofrimentos a fim de nos despojarmos de ilusões empedernidas e aceitarmos a obra de Deus tal qual a vemos — a cada instante.

O Despertar Búdico

Quem era esse homem a que chamamos Buda e até que ponto seus ensinamentos sobre meditação podem nos guiar para além de nossos sofrimentos? Siddhartha Gautama nasceu no seio de uma família rica nas fraldas do Himalaia, cerca de cem anos depois que Lao Tzu atravessou as fronteiras da China e perdeu-se no esquecimento. (Uma persistente tradição, na China e em outras regiões, assegura que Buda foi a reencarnação de Lao Tzu. Com efeito, dado que seus ensinamentos eram muito parecidos, pôde o Budismo espalhar-se rapidamente pelo território chinês, onde se mesclou à tradição taoísta para produzir o Ch'an e depois o Zen-Budismo.)

Siddhartha viveu uma infância luxuosa e protegida, casou-se segundo a vontade da família quando tinha 19 anos e tornou-se pai aos 29.

Logo depois, porém, mudou totalmente de vida. Deixou o palácio paterno, tornou-se um mendigo espiritual e vagou na pobreza buscando ardentemente a libertação dos sofrimentos e apegos do mundo.

Por ter sido educado num ambiente brâmane tradicional, Siddhartha obviamente conhecia os métodos iogues dos ensinamentos hindus, suas divindades e práticas de meditação. Quando saiu a buscar seu próprio caminho espiritual, tentou a princípio extremar essas tradições meditativas a fim de alcançar a iluminação. Por fim, após seis longos anos vivendo numa floresta distante, onde disciplinou a mente e o corpo com vistas a provocar o despertar espiritual — sem no entanto atingir esse objetivo —, renunciou às abordagens tradicionais e procurou, simplesmente, descobrir quem de fato era bem no íntimo de sua espiritualidade. Ignorando quaisquer objetivos em sua busca, livrou-se das necessidades do ego e dos desejos do espírito para, finalmente, poder observar sem crítica nem apego a verdade daquilo que via e experimentava.

Sentado à sombra da famosa árvore Boddhi, com a idade de 35 anos, numa fria manhã de dezembro, vislumbrou por fim, num lampejo de lucidez, as verdades primordiais da existência humana — e tornou-se um Buda (que significa "o desperto"). Voltou à casa do pai (a mãe morrera pouco depois de seu nascimento) e foi reconhecido até em sua terra natal como um mestre iluminado. Passou os 45 anos seguintes viajando de cidade em cidade e apontando o caminho para o despertar espiritual.

Hoje, decorridos mais de dois mil anos, esse caminho ainda é um processo espiritual básico ensinado em todo o mundo. Sua principal constatação, expressa nas palavras simples e cabais do Buda, é: "Maravilhoso, maravilhoso! As coisas são perfeitas em si mesmas!"

Em outros termos: agora mesmo, sem necessidade de mudar nada ou fazer seja lá o que for, vivemos num universo perfeito. Não precisamos alterar coisa nenhuma para ser perfeitos e iluminados. Tudo de que necessitamos é descobrir, pela meditação, que para além de nossos juízos e preocupações, objetivos e esperanças, já existe dentro de nós a perfeição do despertar e da plenitude — agora, neste momento eterno.

De novo, o Buda: "Com serenidade, o mestre subjuga seus pensamentos, interrompe-lhes as divagações. Sentado na caverna do coração, encontra a liberdade".

A descoberta mística de Siddhartha — e de muitos outros seres iluminados ao longo das eras — foi a de que a criação divina é de fato perfeita em tudo. Independentemente de como o julgamos de nossos próprios pontos de vista, viciados por preconceitos e expectativas, o momento atual revela-se absolutamente perfeito.

Ah, mas como nossa mente demora a aceitar essa indiscutível verdade espiritual! Nosso raciocínio está tão contaminado por crenças sobre como as coisas "deveriam ser" que repelimos a realidade tal qual é. Queremos que nossos sonhos e esperanças se materializem para que aceitemos as coisas como são. Assim, distorcemos e confundimos, rejeitamos e negamos a realidade singela do momento presente porque essa realidade não condiz com a imagem do mundo elaborada por nosso ego. Daí brota o sofrimento — da ignorância da verdade da vida, da recusa em aceitar essa verdade. Nossa própria mente nos isola de nossa natureza profunda, búdica.

De que modo havemos de superar a ignorância e o preconceito, os medos e as recusas de nossas atitudes e julgamentos para vermos claramente a verdade da perfeição da vida e penetrarmos em nossa própria natureza búdica?

Fatos da Vida

Além de espiritualmente iluminado, Buda foi talvez o maior psicólogo de todos os tempos. Com efeito, seu principal crédito à fama é ter observado o funcionamento da mente humana (a sua própria) e compreendido profundamente como ela opera em seu estado de condicionamento e inconsciência — e, também, como pode ser adestrada e orientada rumo a um despertar psicológico e espiritual que lhe revele a verdadeira natureza.

Em suas "Quatro Nobres Verdades" ou fatos primários da vida, Buda ensinou o seguinte:

> *Primeira Nobre Verdade*: O ser humano não-desperto sofre regularmente, a vida inteira, dificuldades, dores, sustos, necessidades, desejos, desilusões e fracassos. No estado não-desperto, é impossível evitar os sofrimentos da existência — eles fazem parte do dilema cognitivo dos homens. Sobretudo em virtude de nossos juízos e emoções, tendemos a viver numa câmara de torturas que nós próprios equipamos.
>
> *Segunda Nobre Verdade*: A causa primária do sofrimento não é nossa experiência atual, mas nossa resposta a ela, o que pensamos a seu respeito e toda a atividade mental que geramos em torno da situação presente. Em outras palavras, a

dor física constante pouco é em comparação com o padecimento emocional e psíquico que habitualmente infligimos a nós mesmos por meio de pensamentos crônicos, crenças, esperanças, desejos e negações relativos à realidade da vida. Fomentamos idéias que nos tornam infelizes em nossa situação e nos levam a ansiar por uma realidade diferente — e isso produz desventura. Na vida, queremos mudar o que não apreciamos e perpetuar o que apetecemos — mesmo quando a realidade decide de outra forma. Assim, no ensinamento budista, todo o nosso sofrimento é expressão e reflexo da distância entre a realidade e os nossos desejos e crenças.

Terceira Nobre Verdade: Há um estado mental ampliado em que despertamos para uma natureza superior ao ego, isenta dos sofrimentos produzidos pelos pensamentos e anseios. Não precisamos ficar atados às nossas crenças, herança cultural ou instintos animais. Carregamos dentro de nós nossa própria natureza búdica — na qual estamos vivos no momento presente, em aceitação total da realidade e, portanto, livres das torturas costumeiras provocadas por nossos pensamentos e mentes críticas.

Quarta Nobre Verdade: Existe um caminho lógico, especificamente meditativo que podemos aprender a palmilhar. Ele nos liberta da insatisfação habitual da existência condicionada, eliminando os medos e os anseios contumazes. Podemos começar a agir agora mesmo, por conta própria, tal como Buda o fez, a fim de estimular um estado de despertar espiritual chamado *nirvana*, *satori* ou condição búdica. Nesse processo, renunciamos à identidade do ego e ao receio de nos entregarmos, permitindo assim, a nós próprios, renascer num estado novo de consciência — no qual reconhecemos nossa natureza perfeita, percebemos a realidade direta e autenticamente, e deixamos de ser prisioneiros de nossas crenças e expectativas.

Como Encarar Sem Medo a Realidade

Buda ensinou que "quem venceu a si próprio supera em heroísmo aquele que derrotou mil vezes um milhar de homens". Mas esperem — se já somos perfeitos, que resta a conquistar? Não bastará então nos sentarmos calmamente e, sem esforço, descobrirmos o que de fato somos? Que conversa agressiva é essa de vencer o próprio eu?

Se você voltou sua atenção para a respiração e olhou dentro de si mesmo a fim de vislumbrar sua identidade profunda, já sabe a resposta a essa pergunta. Quem ou o que, afinal de contas, está sempre procurando desviar-lhe a atenção do ato simples de fixar seu centro para descobrir quem é? Sem dúvida, uma batalha vem sendo travada — algum poder oculto teima em obstar o ato espiritual de lançar a luz da consciência na direção da fonte íntima e absoluta.

Buda reconheceu essa presença do ego que se sente ameaçado pela verdade e, portanto, teme-a. Também ele, como todos nós, observou que uma parte de nosso ser receia encarar a realidade. O fato é que o ego, ou concepção daquilo que somos, constitui-se desde a infância com base em crenças e desejos, educação paterna e condicionamentos culturais que nem sempre são o verdadeiro reflexo da realidade.

Quando contemplamos atentamente nossa própria natureza, como devemos fazer na terceira meditação, começamos a perceber que o "eu" com o qual nos identificamos nada mais é que um construto de nossa mente solerte. Engendramos um amplo conceito mental daquilo que somos e isso quase nunca reflete claramente a realidade. Para vê-la com nitidez, temos de aprender a renunciar às nossas mais caras crenças sobre o que somos e sobre o que a vida em geral é.

Encontrei muitas vezes, na literatura espiritual de todos os ensinamentos sobre meditação, uma lição especial que meu avô me transmitiu: não podemos segurar firmemente algo na mão e ainda assim estendê-la para agarrar outra coisa. Temos de pôr de lado o que estamos segurando para alcançar aquilo que queremos ou de que precisamos mais.

Todo crescimento espiritual e psicológico exige que renunciemos a uma crença limitada para recebermos outra maior — ou até melhor: uma experiência direta da realidade que torna todas as crenças desnecessárias.

Eis o desafio da evolução espiritual: iluminar o ego para que ele, graças a repetidas experiências meditativas, renuncie a julgamentos sobre a realidade, aceitando-a. Isso não é apenas válido em si como essencial para uma vida efetivamente plena.

O problema mais grave com essa libertação, no entender de Buda, é que o ego teme sua própria extinção e forceja por preservar sua posição acanhada e muitas vezes irrealista. O ego deve ser convenientemente tratado e instruído na meditação para que compreenda que, alimentando o mito ilusório de sua existência, está impedindo sua própria expansão e revelação.

O desafio que Buda apresenta à presença de nosso ego consiste em aprender como banir os medos que, em nosso íntimo, fogem da luz, rejeitam a mudança e não conseguem aceitar a obliteração de nossas ilusões no ato da iluminação.

O lama Surya Das diz em seu livro *Awakening the Buddha Within*:

> Enquanto percorre o caminho do despertar, reconheça que, em definitivo, ele é uma jornada heróica. Você precisa estar preparado para fazer sacrifícios e — por que não? — para mudar. Assim como a larva expele seu casulo para transformar-se em borboleta e voar, assim você precisa aspirar à mudança e deitar fora a rígida armadura do egoísmo empedernido. Por mais atraente que seja, a jornada pode revelar-se difícil porque o coloca face a face com a realidade — com aquilo que você de fato é.

Segundo o ensinamento de Buda, mesmo quando nos empenhamos em palmilhar o caminho espiritual, nossos construtos psicológicos e hábitos entranhados tendem a afastar-nos negativamente de nossa verdadeira natureza espiritual e a gerar, por isso mesmo, sentimentos persistentes de confusão, angústia e sofrimento. Os seres humanos resistem a despertar para sua natureza autêntica por uma única razão: sua identidade baseada no ego receia perder o controle e submeter-se a uma realidade muito maior que seu próprio conceito de realidade.

As meditações seguintes foram elaboradas para que você encare seu ego justamente no ponto em que ele se encontra no processo de transformação. Oferecem um método seguro graças ao qual os medos serão facilmente vencidos, permitindo-lhe explorar mais e mais profundamente a realidade a cada sessão. Passo a passo, suavemente, suas crenças e opiniões arraigadas, suas apreensões e mesmo sua resoluta teimosia em face da mudança se deterão e sentirão o toque da verdade, a força das coisas reais, o poder afável de seu próprio centro espiritual. Assim você renunciará ao velho em prol do novo.

Quem é você, afinal, quando olha para dentro? Sua identidade será apenas produto da imaginação e das experiências passadas ou uma consciência e presença que existem para além do construto do ego?

Quando você reflete sobre o que é como personalidade, como entidade fundamentada no ego, haverá aí algo mais que imagens e lembranças, mitos e crenças elaborados ao longo dos anos, associados à visão que os outros têm de você?

Pare e Reflita

Depois de ler este parágrafo, coloque o livro de lado e sintonize-se com a respiração... o coração... o corpo inteiro aqui e agora. Procure serenar a mente... e diga para você mesmo em meio a esse estado de quietude reflexiva: "Eu sou (seu nome)" e pergunte-se: "Quem é essa pessoa de fato?" Tente descobrir a verdade...

Amor ou Julgamento

Duas são as colunas da compreensão budista do caminho espiritual. Uma é o desafio de abrir nossa percepção pessoal à realidade da vida e desenvolver nosso senso de sabedoria ou perspectiva com relação ao que somos e ao que a vida é. Tal função cabe, em princípio, à mente.

A outra grande coluna é o desafio de aprimorar nossa capacidade de sentir compaixão e aceitação com respeito à obra divina — tarefa que cabe, sobretudo, ao coração.

A compaixão é uma qualidade que descobrimos somente quando deixamos de julgar o mundo e passamos a amá-lo. A terceira meditação, que envolve aceitar a realidade tal qual é, induz-nos naturalmente a explorar nossa capacidade de sentir amor no coração e, por fim, a amar incondicionalmente — conforme preceituaram Buda, Jesus e muitos outros mestres espirituais.

O fato se resume ao seguinte: não podemos, ao mesmo tempo, criticar e amar uma coisa. Por quê? Porque o próprio processo de julgamento está radicado em uma área do nosso cérebro, a amídala, que é o centro do medo. Essa área de alerta vermelho, ligada diretamente aos nossos sentidos e funções cognitivas, obriga-nos a determinar primeiro se algo em nosso ambiente imediato constitui uma ameaça. Todo animal possui esse mecanismo de sobrevivência baseado no medo, evidentemente imprescindível para a segurança física.

O dilema humano consiste no fato de não só analisarmos o momento presente a fim de descobrir se existe algum perigo como também termos a capacidade de evocar coisas ruins que nos aconteceram no passado e temer que voltem a acontecer no futuro. Ciframe-se nisso nossas preocupações.

Em última análise, boa parte do sofrimento humano vem de nossa propensão a imaginar cenários possíveis no futuro e, ou ficar ansiosos quando eles parecem negativos, ou animados quando parecem positivos. Em qualquer caso, nossas idéias a respeito do futuro tendem a criar sofrimento no presente.

Se você examinar as dores que lhe sobrevêm dia sim, dia não, logo perceberá que boa parte delas é emocional ou mental e não física. E mesmo em se tratando de dor física, costumamos agravá-la com toda espécie de preocupações que nos fazem penar muito além dos efeitos de nossa condição corporal.

Buda viu tudo isso com bastante nitidez. As Quatro Nobres Verdades esclareceram o que os psicólogos só agora começam a considerar a causa do sofrimento humano: nossa fixação mental em crenças, apreensões e fantasias suscitadas pelo medo. Depois de cuidadoso exame, constatamos que o ímpeto de fugir ao sofrimento é diretamente responsável pela maior parte de nossas ansiedades e desejos. Só quando estamos sofrendo é que reagimos tentando fazer alguma coisa para nos sentirmos melhor.

Depois de banir o medo subjacente, eliminamos a ansiedade. E depois de eliminar a ansiedade, modificamos nossa situação — nossa mente se aquieta, nossa percepção se apura, nosso coração se abre... e nosso espírito adeja.

Aqui, o desafio consiste em fazer pausas regulares para meditar, sintonizar a respiração... o coração... a presença no aqui-e-agora... e, sem julgamentos, observar-nos no instante atual, reparando nas emoções que sentimos e nos pensamentos, atitudes e crenças que as engendram. Podemos então ver claramente que essas atitudes e crenças nos estão fazendo sofrer. E, obtida essa constatação, decidimos renunciar a elas.

Tal é o processo curativo e, como Buda enfatizou repetidamente, tudo o que ele requer é uma visão direta e uma aceitação honesta do que descobrimos. Visão e aceitação por si sós geram mudança, capacitando-nos a acolher a realidade porque seria insensato combatê-la.

Nessa aceitação, podemos abrir nosso coração para o mundo que nos cerca e permitir que a compaixão flua livremente...

O Medo Supremo

Quando você se dispuser a praticar a terceira expansão meditativa, bom será que faça pausas regulares e contemple profundamente a natureza do medo. Torne-se um estudioso aplicado do medo. Olhe-o bem nos olhos. Leia tudo a respeito dele.

Aqui e agora, neste contexto de meditação, conclamo-o a olhar para dentro de si mesmo diretamente, sem levar em conta suas preocupações e hábitos mentais estressantes. Apanhe-os no ato de toldarem as águas espirituais e provocarem em você angústias emocionais crônicas. Como asseguram Buda e Krishnamurti, a ação de constatar sem intermediação que os medos geram sofrimentos e distanciam-no de seu próprio coração levá-lo-á a descobrir prontamente que está se torturando com inquietações ilusórias — e a despertar para a compreensão de que você não se identifica de modo algum com esses medos.

Desafio-o a encontrar um único medo em sua mente que não se enraíze no temor de sua própria extinção. O mecanismo inteiro de nossos medos faz de tudo para manter-nos vivos pelo tempo mais longo possível. O mínimo perigo com que deparamos aciona o botão do medo e faz-nos sentir a presença ameaçadora da morte iminente.

Eis por que um dos principais ensinamentos das tradições espirituais preceitua que, para vencer o medo, precisamos encarar nossa própria mortalidade, compreender o que é a vida e por fim descobrir o núcleo espiritual de nosso ser, o qual não se identifica com este corpo, este cérebro e esse sonho gerado pelo ego.

Toda experiência mística estriba-se na percepção e no conhecimento direto de que a consciência individual não está de forma alguma separada da consciência superior. Vimos que Lao Tzu iniciou o *Tao Te Ching* discorrendo a propósito do Um, do Infinito, da Realidade Unificada da qual fazemos parte. Buda disse o mesmo: nossa verdadeira identidade funde-se com a essência búdica, infinita e eterna. Também Jesus se declarou uno com Deus — e eterno. Maomé não fugiu à regra.

Não há passado ou futuro para além dos construtos de nossa mente imaginativa. Na meditação, escapamos ao sofrimento provocado pelo medo da morte e de tudo o mais concentrando-nos no momento presente e acreditando-o perfeito. Mesmo que bombas caiam sobre nossa cabeça, o momento presente é perfeito. Por quê? Porque, não importa o que nos aconteça, estamos sempre no seio da criação perfeita de Deus quando não sentimos medo.

> *Pare e Experimente*
>
> Detenha-se por alguns instantes e apenas observe a respiração. Sente alguma ansiedade, preocupação ou incômodo no corpo? Tente descobrir que pensamentos ou fantasias estão engendrando essas sensações... e veja o que acontece quando começa a serenar seus pensamentos...

Não Julgueis

Sempre que exprimimos uma opinião sobre algo, estamos julgando com base em nossas crenças e preconceitos. Sempre que o pensamento classifica uma coisa desta ou daquela maneira, estamos julgando com base no sistema de avaliação de nosso ego. Sempre que decidimos agir de determinada maneira, fundamentados no que achamos certo ou errado, julgamos a situação. Toda vez que reagimos com sentimentos de cólera, apreensão, repulsa ou indiferença, fazemos isso em resposta a um julgamento da situação. E mesmo quando decidimos que o dia está bonito, que realmente gostamos de salada de batata, que uma viagem à Tailândia seria uma ótima opção de férias, agimos em consonância com a função crítica da mente.

- Quanto de seu dia é preenchido com pensamentos críticos?
- Até que ponto seus pensamentos o distanciam de sua natureza búdica?
- Em que grau seus pensamentos se baseiam no medo e, por isso, fazem-no sofrer?
- Como seria sua vida se você parasse de julgar tudo e todos, aceitando-os tais quais são?

Pelos próximos dias e semanas, sugiro que você se discipline observando o fluxo de seus pensamentos tanto quanto possível, para determinar com quanta freqüência se entrega ao hábito de julgar. O próprio ato de examinar os hábitos mentais que provocam sofrimento estimula um arroubo de superação desses hábitos. O exame já é uma resposta. Eis aí uma das dinâmicas primordiais do poder da meditação.

Impacto Direto

Pelo menos metade da população do globo já ouviu o vigoroso princípio psicológico e espiritual articulado por Jesus: "Não julgueis para que não vos venham a julgar; porque com a medida que julgardes o mundo, sereis vós próprios julgados".

As duas primeiras palavras desse dito cabem perfeitamente em nosso sistema. Um dos mais notáveis mestres espirituais do mundo está nos dizendo que não é uma boa idéia julgar — mas saímos por aí julgando a torto e a direito, negativa ou positivamente. Buda fez a mesma observação muitas e muitas vezes em suas pregações. Ficar preso ao jogo egoísta da crítica não é produtivo espiritualmente e só gera sofrimentos.

Vale lembrar que, quando contemplamos uma rosa e a avaliamos mentalmente como algo bonito, dizendo a nós mesmos: "Oh, que rosa magnífica!", estamos julgando a rosa, ainda que de maneira positiva. E no próprio processo de julgar, para depois extrair uma conclusão positiva, distanciamo-nos temporariamente do impacto direto que a rosa pode provocar.

Não podemos experimentar a realidade e ao mesmo tempo julgá-la. Psicologicamente, o julgamento é uma função comparativa da mente graças à qual avaliamos dados perceptivos atuais equiparando-os a dados anteriores. Esse processo mental afasta-nos do momento presente: perdemo-nos em pensamentos enquanto julgamos. Por isso, todo mestre espiritual que conhece o valor da plena participação no agora concorda com Jesus e Buda, recomendando que julguemos o mínimo possível — para, assim, empenharmo-nos no mundo concreto em vez de nos perdermos em idéias.

Pare e Experimente

Depois de ler este parágrafo, coloque o livro de lado... sente-se confortavelmente... e concentre-se em sua respiração. A princípio, apenas observe-a... em seguida, contemple o mundo que o cerca... procure determinar se sua mente está serena ou se os pensamentos começam a fluir... neste caso, descubra se são pensamentos criativos ou críticos. Você aceita o mundo tal como ele é ou, de algum modo, não está satisfeito com ele?

Aceitação do Mundo

Nesta terceira expansão meditativa, confiamos bastante na função contemplativa da mente para alcançar o cerne de nossas crenças e hábitos, e descobrir como eles influenciam nossas emoções, nossas experiências espirituais.

O tema para este capítulo será: "Aceito o mundo tal como ele é". Do ponto de vista da meditação profunda, que significa realmente aceitar o mundo tal como ele é? Essa pergunta constituirá seu ponto de partida toda vez que abordar a terceira expansão: ela o ajudará a mergulhar mais fundo nas questões que vimos discutindo.

Por exemplo, reflita alguns instantes sobre a natureza da aceitação. Reserve sessões inteiras de meditação para sintonizar-se com sua respiração... seu coração... seu corpo, aqui e agora... mergulhe na serenidade... e nesse estado de quietude mental, contemple a natureza da aceitação...

Se você pronunciar a frase de concentração "Aceito o mundo tal como ele é" e ainda assim sentir-se tenso na respiração e no coração, examine quais pensamentos estão lhe passando pela cabeça e obrigando-o a resmungar: "Ah, não, não aceito o mundo lá fora porque..." Esmiúce esses pensamentos, esses juízos que estão poluindo sua mente e sua alma. E dê um passo à frente para descobrir o medo que os inspirou.

Muitas vezes, descobrimos que uma idéia colhida do noticiário da noite, de uma conversa ou de algo que lemos ou vimos durante o dia continua a inquietar-nos, gerando preocupações, pensamentos e imagens abaixo da superfície de nossa mente consciente. A meditação é um ótimo instrumento para surpreender ruminações subconscientes que provocam tensões, medos e sentimentos agressivos.

Se você conseguir captar esses pensamentos e fazê-los cessar, conseguirá anular-lhes o blefe avaliando o julgamento e a preocupação para em seguida perguntar a si mesmo se, honestamente, valerá a pena aferrar-se a eles.

Pergunte-se: qual é o dilema principal que parece estar me ameaçando? Estarei realmente sendo ameaçado? Se meu bem-estar de fato corre risco, talvez convenha refletir logicamente sobre o problema e planejar um curso de ação para eliminar o perigo. De outro modo, até a lógica da mente reflexiva perceberá que é uma puerilidade ficar tenso e perturbado no momento presente, quando não há perigo nenhum à vista.

Compreendendo que não corro perigo iminente, posso quase sempre relaxar e aceitar o mundo tal como ele é, ao menos pelos próximos dez ou vinte minutos de meditação. Às vezes, no entanto, mesmo não aceitando o mundo tal como ele é no momento, vou em frente e passo para a quarta meditação — pois nela, ou na quinta, é que resolverei o problema da não-aceitação.

Por isso, cuidado para não se deter numa das expansões anteriores. Ainda que sua respiração permaneça tensa, ainda que sua mente não se aquiete imediatamente, ainda que não consiga aceitar o mundo tal como ele é, continue a movimentar-se pelas expansões. A certa altura, quase sempre as tensões desaparecem e o instante atual se abre em toda a sua perfeição meditativa. Nosso programa lhe permite grande liberdade para expandir-se a qualquer ritmo que lhe pareça natural na ocasião.

Pode suceder que você percorra rapidamente as sete meditações, pronunciando as respectivas frases de concentração e vivenciando seu impacto na consciência, passando em seguida à próxima meditação e assim por diante, de modo que em uns poucos minutos cubra as sete bases para enfim mergulhar em meditação profunda e não-estruturada.

De outras vezes, chegará talvez à terceira meditação e descobrirá que precisa de algum tempo para examinar seus medos e julgamentos atuais, enquanto olha atentamente durante cinco ou dez minutos na direção apontada pela frase de concentração.

A Aceitação em Exame

Sempre que quiser examinar acuradamente o tema "Aceito o mundo tal como ele é", faça a si mesmo as seguintes perguntas:

- Muitas pessoas receiam que, se aceitarem tudo como é, ficarão estagnadas para sempre. Será isso verdade?
- Operamos mudanças positivas julgando a situação atual negativamente e recorrendo à manipulação para alterar as coisas ou aceitando a realidade do momento e concordando em participar dela com espírito de amor e compaixão incondicionais?
- Quando negamos a realidade, obtemos algo de positivo?
- Há perigo iminente na não-aceitação da realidade?
- É possível julgar e amar ao mesmo tempo?
- Você é o seu crítico mais exigente? O julgamento que faz de si mesmo é válido ou baseia-se em crenças e postulados questionáveis?
- Quem é você quando se aceita incondicionalmente?

Pare e Reflita

Faça uma pausa, se desejar... sintonize-se com sua respiração, com a presença total de seu corpo no aqui-e-agora... e repita as perguntas acima, mergulhando cada vez mais fundo na contemplação...

Rendição

Quando não aceitamos o mundo tal como ele é, estamos presumindo que não se pode confiar nele e que o universo não se apresenta como deveria. Nosso ego carrega um enorme fardo de crenças sobre como as coisas teriam de ser. Mesmo que nossa crença seja positiva e profundamente espiritual, precisamos encarar o fato de que, caso ela não corresponda à realidade, estamos gerando sofrimento interior e, portanto, conflito — por nos apegarmos a uma imagem falsa.

Em seu livro *Loving What Is*, Byron Katie vai diretamente ao ponto:

> Se você quiser que a realidade seja diferente, que tal também ensinar um gato a latir? Poderá tentar infatigavelmente, mas no fim o gato o olhará para você e dirá: "Miau". É inútil desejar um mundo diferente do que é... Deveríamos saber que as coisas são boas assim como elas se apresentam, pois quando as questionamos sentimos tensão e frustração. Se deixarmos de nos opor à realidade, a ação se tornará simples, fluida, amorosa e sem riscos.

É isso: quando deixamos de nos opor à realidade e aceitamo-la, tornamo-nos amáveis e destemidos. E, quando o medo se vai, nossas ânsias desaparecem e estamos prontos a, sem esforço, abrirmo-nos para a plena participação no momento presente e eterno.

Sugiro que você explore plenamente o que significa submeter-se à realidade. Com isso, deixará de lutar contra ela. Não perca nem mais um segundo desejando que ela seja diferente. Agora mesmo, é imperativo aceitar a realidade porque você nada poderá fazer para mudar o momento presente. Essa é a compreensão espiritual da vida. O momento presente é perfeito — simplesmente porque não pode ser de outra maneira. Ele é o que é.

A magia da lógica reside em que apenas pela entrega total ao agora adquirimos o poder de participar de seu desdobramento e influenciar positivamente os momentos que virão. Vivendo intensamente o aqui-e-agora, sem nenhuma resistência à realidade, tornamo-nos partícipes plenos do momento atual. E graças a essa entrega, aceitação e participação, trazemos o poder do amor e da verdade espiritual ao momento presente — todas as nossas ações se tornam naturais, em harmonia e consonância com a verdade do espírito. Nossa realidade e a realidade do mundo que nos cerca entram em sintonia.

Só quando isso acontece fazemos progresso genuíno — não por meio da manipulação da nossa mente crítica, mas da participação da nossa alma. Submetendo-nos à realidade, submetemo-nos a Deus e permitimos ao Espírito agir por intermédio de nós, impedindo assim que o ego cheio de medos determine nossos atos. Dessa maneira, aprendemos a fazer com que o elemento meditativo da mente e da alma atue no mundo.

Para aceitar a verdade: Meditação Orientada 3

Sente-se confortavelmente na posição que preferir... movimente o corpo à vontade... e suavemente volte a atenção para o ar que entra e sai por suas narinas ou boca... expanda a percepção a fim de incluir os movimentos do peito e do abdome, provocados pelo ato de respirar... e diga a si mesmo: "Estou respirando livremente..."

Ao mesmo tempo, conscientize-se de seu coração enquanto respira... conscientize-se de seu corpo inteiro, aqui e agora... de seus pés... de seu estômago... de sua face... de todo o seu ser... atente para os sons à sua volta... e diga a si mesmo: "Minha mente está serena..."

Amplie sua percepção para incluir o mundo em derredor... o aposento em que se encontra... o edifício onde está... os membros de sua família... de sua comunidade... os colegas de trabalho... as pessoas que transitam pelas ruas... todos e tudo o que estão fazendo no momento... a perfeição da criação divina... e diga a si mesmo: "Aceito o mundo tal como ele é..."

Repare em sua respiração... no modo como se sente no fundo do coração... observe os pensamentos que lhe cruzam a mente sobre aceitar ou criticar o mundo circundante... *descubra* se há algo que alguém fez, deveria ou não fazer, que o abala e o encoleriza... inteire-se de qualquer tensão física ou sofrimento emocional *existentes dentro de você*, provocados por alguém de quem não gosta... a quem repele... que o irrita... ou amedronta... Haverá alguém ou alguma coisa que você não aceita neste instante?

Note que, aqui e agora, você não está sendo ameaçado... está seguro, tranqüilo, perfeitamente bem... portanto, pelas próximas respirações, veja *se* conseguirá ir em frente e esquecer todos os julgamentos e preocupações, inquietudes e apreensões, desgostos e condenações... apenas relaxe agradavelmente no ato de superar preocupações e julgamentos para aceitar o mundo agora mesmo, tal como ele é...

Observe *quais mudanças* lhe acontecem emocionalmente, sobretudo no coração, quando repete a si próprio: "Aceito o mundo tal como ele é..."

Se quiser, imagine-se num recinto, sentado a uma mesa com duas cadeiras... está descontraído, seguro, livre de ameaças... em paz consigo mesmo e com o mundo à sua volta... alguém de quem não gosta entra no recinto... quem é? ... a pessoa senta-se à sua frente... em vez de julgá-la, em vez de reagir com cólera, rejeição ou apreensão, continue respirando normalmente... permaneça calmo e sentindo-se fisicamente bem... concentre-se na região do coração... procure contemplar essa pessoa bem nos olhos com amabilidade, sem críticas, sem medo... abra-lhe o coração... veja-a em todo o seu sofrimento, como parte da criação perfeita de Deus... sorria com piedade e aceitação ao dizer: "Aceito você tal como é".

Observe como se sente depois de parar de julgar e passar a aceitar. Veja como a pessoa responde quando não mais se sente julgada por você... se se sentir a tanto motivado, levante-se, aproxime-se dela e dê-lhe um abraço... depois que ela for embora, descubra como se sente no fundo do coração...

Agora esqueça a cena imaginada... concentre-se na respiração... no coração... no corpo inteiro, aqui e agora, e diga de novo para você mesmo: "Aceito o mundo tal como ele é..."

Deixe que um maravilhoso senso de aceitação o preencha. Se amar a realidade do momento tal qual é, não precisará mudá-la... bastar-lhe-á acolher a criação divina... e gozar a ventura de estar vivo... submeter-se ao que existe... respirando... dilatando a percepção... sem resistir... aqui e agora... respirando... fruindo a vida... e caminhando para uma nova experiência...

CAPÍTULO 4

O Despertar do Coração – Jesus

Este capítulo crucial encontra-se bem no meio de nossas sete meditações porque, de várias maneiras, chegamos ao cerne do nosso programa de meditação. Não apenas Jesus, mas também Buda, Lao Tzu e Patanjali antes dele, e Maomé, Gurdjieff e Krishnamurti depois, viram no coração, bem como em sua capacidade de receber e partilhar o amor universal incondicional e a sabedoria, o epicentro da vida do espírito.

Neste capítulo, abeberamo-nos principalmente no ensinamento, inspiração e duradoura presença espiritual de Jesus de Nazaré, que viveu no começo de nossa era. Muitos o chamam de Cristo; outros o consideram um dos autênticos seres despertos que palmilharam a terra. Quer você se classifique ou não como cristão praticante, espero que encontre aqui idéias de valor especialíssimo.

A quarta e a quinta expansões do nosso programa de meditação dos *Sete Mestres* ajudarão você a redescobrir o vínculo com o seu próprio coração e o amor que flui para esse centro espiritual. Muitos de nós temos grande dificuldade com nossos sentimentos e concepções. Por diversos motivos que examinaremos de passagem, receamos focalizar a presença do nosso coração: preferimos focalizar nossa mente. Jesus, Buda e Lao Tzu, cada qual a seu modo, nos desafiam a esquecer essas fixações mentais e a submetermo-nos à sabedoria do nosso coração.

Pare e Reflita

Até que ponto a noção geral de uma vida voltada para o coração o impressiona? Faça uma pausa de alguns instantes após ler este parágrafo, deixe o livro de lado... e tente descobrir em qual parte do corpo prefere concentrar-se: na cabeça, região do cérebro, ou no peito, região do coração? Examine por um momento sua relação com o coração... e procure averiguar diretamente o que acontece...

Em Busca de Jesus

Cheguei a San Francisco no verão de 1968 para freqüentar o Seminário Teológico San Francisco (presbiteriano), ligado à UC Berkeley's Graduate Theological Union. Pelos cinco anos seguintes, enquanto me formava em psicologia pastoral e religiões comparadas, fiz o melhor que pude para adequar-me à visão protestante da vida espiritual — envolvendo-me também, enquanto isso, com a Kriya ioga, a dança sufi e o buliçoso e inspirador mundo zen de Alan Watts.

O seminário de San Francisco, em termos teológicos, era talvez o mais estimulante que se podia encontrar em toda a América; mas, para minha decepção, quanto mais eu buscava uma dimensão meditativa na tradição do protestantismo, mais frustrado me sentia. Simplesmente não havia nenhuma tradição contemplativa na vida protestante formal e a maioria dos professores não se interessava por discutir o valor espiritual das práticas de meditação.

Minhas concepções-chave da visão meditativa cristã provieram de uma fonte absolutamente inesperada: um homem misterioso que apareceu não se sabe de onde e logo se tornou uma das figuras principais do mundo esotérico de San Francisco. Tinha cerca de 25 anos, era obviamente asiático com seus longos cabelos negros e talhe esguio; falava com voz profunda, mas suave, e seu inglês era tão fluente que quase não se lhe percebia nenhum sotaque.

Embora, aparentemente, não tivesse um tostão no bolso, poucos dias depois estava morando numa grande casa que alguém lhe emprestara em Berkeley e ensinando a cerca de cinqüenta pessoas um programa especial de meditação que, segundo dizia, aprendera com seu mestre no Sudeste da Ásia.

Contou-nos pouca coisa de seu passado, exceto que ficara órfão aos 5 anos, fora adotado por um casal de missionários cristãos e criado na missão que dirigiam. Quando tinha 12 anos, os pais adotivos abandonaram a obra missionária e foram com ele para as montanhas, a fim de estudar com um mestre budista cujo nome ele jamais mencionava.

Fundamental para o assunto deste capítulo e meditação foi a visita única que o jovem fez ao meu seminário certa tarde. Após a palestra vespertina no salão de conferências, lá estava ele de pé, no fundo, com calças Levis, tênis e camiseta — sua preferência de então. O professor chamou-o com um aceno.

Pela meia hora seguinte, diante daquele grupo de estudantes cristãos, ele contou em voz suave que ouvira falar pela primeira vez do amor que Jesus trouxera ao mundo por intermédio de seus pais adotivos, os quais irradiavam aceitação e compreensão aonde quer que fossem. Discorreu em seguida sobre uma experiência mística simples, mas penetrante, que tivera ao folhear a Bíblia quando ainda criança. Descobriu, enquanto folheava o livro ao acaso, que algumas passagens lhe atraíam a atenção e pareciam projetar luz quando as lia.

Voltou-se e escreveu na lousa os seguintes seis fragmentos colhidos da Bíblia:

Deus é amor.

Não temas.

Sê calmo.

Procura a verdade.

Ama ao teu próximo como a ti mesmo.

Amai-vos uns aos outros tanto quanto eu vos amei.

Ao baixar o giz, disse com brandura: "Achei que, se meditasse a respeito dessas palavras e as vivenciasse, de nada mais precisaria. Esse é o caminho espiritual ensinado na tradição de vocês. Não têm necessidade de mais nada para trazer o Espírito Santo às suas vidas — e quando se tem o Espírito, o resto pode ser posto de parte. O amor é tudo; vivamos o amor".

E com um gesto caracteristicamente humilde, sorriu, caminhou pelo corredor e saiu da sala. Durante mais ou menos um mês ele orientou estudantes num método de meditação bastante parecido ao que estou tentando ensinar neste livro. Insistia em que fixássemos a atenção na região do coração... em que nos perdoássemos uns aos outros, aceitássemos a realidade tal qual é... ouvíssemos serenamente a palavra de Deus ecoando em nosso íntimo... e deixássemos o amor fluir para nosso coração e do nosso coração para o mundo.

Concluí que finalmente encontrara meu verdadeiro mestre espiritual no misterioso jovem, o qual vivia a plenitude do que ensinava e integrava as lições de meditação num todo coerente que eu poderia de pronto experimentar em meu próprio coração. Depois, certa tarde, ele se aproximou de nós calmamente, trajando seu traje surrado. Sorriu com brandura, apertou-nos as mãos, disse adeus... e saiu para nunca mais reaparecer.

Pare e Experimente

Talvez você queira fazer uma pausa depois de ler este parágrafo. Feche então os olhos e concentre-se na respiração... no coração... e comece a abrir-se para a presença dos mestres especiais que vêm até nós quando precisamos deles, em pessoa ou em espírito... Seu coração está pronto para pedir e receber orientação espiritual? Examine quais pensamentos lhe ocorrem...

Deus é Amor

Einstein reduziu a natureza do universo inteiro a uma equação simples que todos sabemos de cor, embora possamos não entendê-la cientificamente: $E = MC^2$. A tradição judeu-cristã encaixa a totalidade da realidade espiritual da existência humana em outra fórmula ainda mais sucinta: Deus = Amor. Essa verdade última constitui o alicerce dos ensinamentos de Jesus e, na prática, representa uma noção tão radical que nossa mente reflexiva não consegue captá-la.

Por quê? Porque o amor não é um conceito. Não é uma idéia. Não é uma crença. É a energia vital positiva e o poder de integração que cria e mantém a estrutura da realidade.

Do mesmo modo que os antigos taoístas e hebreus enfatizavam a impossibilidade de conceituarmos adequadamente, e portanto de nomearmos e categorizarmos a presença absoluta e o ser que criou o universo físico, não podemos conceituar ou nomear a força subjacente que sustém a vida neste mundo. É verdade que, de um ponto de vista espiritual, chamamos essa força de "amor"; mas o termo realça apenas seu aspecto de criação e sustentação, não chegando a captá-lo conceitualmente. A ciência estuda a realidade física manifesta do universo. O amor é a força criativa infinita que continuamente se projeta nessa realidade.

Os taoístas percebiam essa situação com muita clareza: "O nome que pode ser pronunciado não é o Nome Eterno. O Inominável deu origem ao Céu e à Terra. Mistério dos mistérios: eis os portões da essência maravilhosa".

Como poderemos atravessar esses portões? Disse Jesus: "Pedi e recebereis; buscai e encontrareis; batei e abrir-se-vos-á". Sempre e onde quer que uma ou mais pessoas se voltem para o próprio coração e se abram para o amor, ele lhes flui para o íntimo. Essa é a verdade perene que os humanos vivenciam espiritualmente. Deus é amor e podemos rapidamente entrar em contato com Ele abrindo nosso coração para esse sentimento.

Assim como Lao Tzu, Patanjali e Buda foram expressões finais de uma longa e frutífera tradição espiritual, assim Jesus surgiu de um contexto que vinha evoluindo em seu relacionamento com o divino há milhares de anos. No Velho Testamento, o livro do Êxodo proclama que "Deus é compassivo e dadivoso, abundante em ternura e verdade". No Salmo 36, o poeta canta: "Como é precioso, ó Deus, o teu amor!"

Em tempos remotos, os deuses a quem o povo adorava inspiravam medo porque eram tudo, menos deuses amorosos. O grande salto à frente dado pelo judaísmo no âmbito da religiosidade foi a constatação de que o Deus criador e mantenedor de toda a realidade é terno e compassivo, cheio de perdão e bondade.

Também Buda ensinou que a compaixão é imprescindível na meditação. Sob esse aspecto, a diferença entre budismo e taoísmo, por um lado, e cristianismo e islamismo, por outro, é que estes enfatizam um Deus pessoal, enquanto aqueles não se fundam em tradições teístas. Quando renunciamos às nossas crenças religiosas nesse campo descobrimos, por intermédio da meditação, nossa preferência individual por um senso mais pessoal de Deus ou pelo encontro direto com o Espírito sem a intervenção de uma divindade pessoal. Eu mesmo, durante algumas meditações, sinto fortemente a presença de uma divindade pessoal; o mais das vezes, porém, a experiência é de pura unicidade com o Tao, sem matizes pessoais.

Conceda a você mesmo a liberdade de abrir-se e determinar sua própria relação evolutiva com o divino. Deus é amor — mas nossa experiência desse amor ocorre sob diferentes formas e atributos. Quando contemplamos a experiência concreta do amor fluindo para o nosso coração e nossa resposta a esse influxo, quase todos percebemos que em geral bloqueamos o fluxo e ficamos apartados da presença do Tao em nossa vida. Não conseguimos sentir o toque da mão de Deus em nosso coração. O objetivo, neste programa de meditação, não é explorar teoricamente a idéia de amor ou formular uma visão romântica de nós mesmos como criaturas amorosas, mas aprender os passos programáticos destinados a abrir nosso coração para amarmos mais profundamente.

Três dos curtos ensinamentos bíblicos que mencionei acima foram minhas luzes na exploração do caminho psicológico e espiritual rumo à transcendência das contrações emocionais e ao livre fluxo do amor. Minhas meditações centradas nesses ensinamentos indicam que o ato de renunciar ao medo, serenar a mente e aceitar a experiência da verdade, não importa o que ela possa ser, conduz diretamente ao despertar do coração.

Examinemos cada um desses ensinamentos para determinar de que modo eles podem constituir uma prática meditativa para a vida inteira.

Não Temas

Conforme já estudamos no Capítulo 3, o medo é o grande assassino da experiência espiritual. Quando nos vemos enleados em preocupações, apreensões, ansiedades e angústias, perdemos psicologicamente nossa capacidade de sentir empatia pelos nossos semelhantes — e até por nós mesmos. Por extensão, perdemos a capacidade de nos relacionarmos amorosamente com o núcleo espiritual de nosso ser. Em outras palavras, perdemos o contato com Deus quando sentimos medo.

Há na Bíblia 62 passagens em que Deus ou Jesus diz: "Não temas". Gênesis, o primeiro livro da Bíblia, conta-nos: "A palavra de Deus veio a Abraão em sonhos dizendo: Não temas". E logo à frente: "Deus apareceu a ele e disse... Não temas, pois estou contigo". Jesus associava a perda do medo à cura: "Jesus aproximou-se deles e disse-lhes: 'Levantai-vos e nada receeis'". Aos que se perturbavam ante as coisas terríveis que iriam acontecer no futuro, declarou: "Ouvireis falar de guerras. Dir-vos-ão que a guerra é iminente. Mas não vos deixeis levar pelo medo".

Talvez ainda mais importantes para a nossa compreensão do medo sejam suas palavras memoráveis: "Deixo-vos a paz, a minha paz vos dou. Não se perturbe nem se intimide o vosso coração".

Isso é bastante claro: não deixem que nada perturbe o seu coração. Não temam coisa nenhuma. Vivam fora do alcance das ansiedades debilitantes e das apreensões.

Mas, de que modo?

Como terapeuta, descobri uma única maneira de escapar às garras do medo: enveredar pelo caminho da meditação, aprender a serenar a mente, calar os fluxos de pensamentos que geram nossas preocupações e ansiedades, abrir o coração para a realidade contrária ao medo: o amor.

A psicologia cognitiva demonstrou cientificamente, nos últimos trinta anos, que a ansiedade não é uma emoção isolada e que os maus pressentimentos não constituem estados independentes. Ao contrário, eles emergem diretamente das imagens e pensamentos negativos habituais que passam por nossa cabeça. O fato psicológico elementar é que, se não estivermos sob ameaça física imediata, só um pensamento é capaz de nos deixar ansiosos.

Obviamente, podemos trabalhar esse dado de pesquisa e remover o medo de nossa vida aprendendo a distanciar-nos de tais pensamentos, que geram reações emocionais e psicológicas de pânico. Pois é exatamente o que fazemos em nosso método de meditação. Aprendemos a estar "tranqüilos" e, em conseqüência, alcançamos a paz espiritual de que tantas vezes falou Jesus.

Você notará que, nos três primeiros capítulos, enfatizamos as técnicas de meditação que permitem serenar a mente e calar os pensamentos que a atravessam. Jesus nos deu uma ordem espiritual objetiva: livrem-se do medo. Aceitemos o desafio — nossa vida espiritual depende disso.

Constatei, ao longo dos anos, que o tratamento psicológico da ansiedade quase sempre falha sem uma dimensão espiritual meditativa. A terapia cognitiva pode encher-nos a cabeça de pensamentos positivos que anulem os negativos; mas só quando aprendemos a calar inteiramente todos os pensamentos é que mergulhamos de fato na "paz para além de todo entendimento", como disse o Salmista. Também aprendi que eliminar imagens e pensamentos suscitados pelo medo, a fim de receber o influxo do amor espiritual, é um ato de vontade: temos de, sempre, escolher conscientemente o amor em detrimento do medo para que isso se torne nosso novo *modus operandi*.

Pare e Reflita

A ansiedade constitui um grande problema em sua vida? Você acha que as preocupações toldam sua mente e fecham seu coração? Detenha-se por alguns instantes, deixe o livro de lado, concentre-se em sua respiração... e reflita a respeito da necessidade primária de esquecer as preocupações para que seu coração se encha de amor.

Sê Calmo e Procura a Verdade

A calma é a essência da meditação e a antítese do medo. Não podemos relaxar e ficar em paz em nosso coração — não podemos nos abrir para o influxo do amor — quando nossa mente está perturbada e irrequieta. No âmago da tradição judeu-cristã encontramos a clara expressão do valor e necessidade da calma. Reza o Salmo 4: "Falai com o vosso coração sobre a vossa cama e aquietai-vos". E o Salmo 46 nos dá esta firme instrução: "Aquietai-vos e sabei que eu sou Deus".

No Salmo 107, ouvimos: "Então se alegram com a bonança; e ele assim os leva ao porto desejado". Em Isaías, aprendemos: "Pelo arrependimento e o repouso sereis salvos; na quietude e confiança reside a vossa força. ... Até quando vos dominará a tribulação? Recuai... descansai, ficai serenos". Eis a tradição meditativa que alimentou Jesus em sua meninice e, seguramente, ao longo de todo o seu despertar espiritual.

Em plena quietude meditativa, começamos a perceber diretamente a verdade da vida e a realizar o que Jesus nos ensinou como seu mais vigoroso imperativo em termos de meditação: "Conhecereis a verdade e a verdade vos libertará". Obviamente, a verdade que encontramos no ato de meditar é que Deus é amor — que existe uma presença espiritual nuclear em nossa vida passível de conhecimento direto quando focalizamos o coração e nos abrimos para o influxo amoroso.

Saímos do estado de medo ao aprender a estar serenos; uma vez serenos, acabamos por conhecer a verdade; e harmonizados com a realidade profunda da vida, descobrimos a força original do amor que nos anima e nos vincula diretamente ao Inominável infinito.

Pare e Experimente

Faça uma pausa depois de ler este parágrafo, feche os olhos... mergulhe em si mesmo... sinta o ar entrando e saindo por seu nariz... tome consciência de suas mãos... pés... rosto... serene a mente... e, no meio da respiração, atente para o coração... apenas olhe para dentro... sem julgar... a fim de conhecer a verdade... abra o coração... para amar... e diga a si mesmo: "Amo a mim mesmo... e ao mundo..."

Ama ao Teu Próximo como a Ti Mesmo

Jesus lançou essa exortação em oito palavras ao mundo como se fosse uma bomba. Lembro-me da primeira vez que descobri uma de suas implicações: que, para amar a meu próximo, devo antes de tudo amar a mim mesmo. Notemos isto: quando nos ensinou a amar, Jesus quis dizer que o amor é uma qualidade interior, a qual alimentamos dentro do nosso coração para em seguida deixar fluir em direção aos que nos cercam. Se tentamos amar ao nosso semelhante, mas deixamos de fomentar o amor por nosso próprio eu, estamos perdidos. O primeiro passo no aprendizado do amor consiste em estabelecer uma conexão íntima entre o nosso coração e a fonte absoluta do amor.

A solução final e muito simples da polaridade egoísmo-desprendimento encontra-se na injunção de Jesus para amarmos nossos semelhantes tanto quanto amamos a nós mesmos. Ele não disse "Ama ao teu próximo mais que a ti mesmo" porque sabia que isso é impossível. Quando, pois, não há amor em nosso coração, não há amor para darmos ao semelhante. Mas se aumentarmos o fluxo desse amor, aumentaremos o fluxo de amor disponível para fluir em direção ao próximo. A despeito de diversas críticas que consideram a prática meditativa inerentemente egoísta, não podemos fugir ao fato de que, para amar aos que nos cercam, nossa primeira responsabilidade cifra-se em voltarmo-nos para dentro de nós mesmos e tornarmo-nos mais amorosos com relação ao nosso próprio ser.

Na meditação tal qual a estamos aprendendo, reservamos um tempo diariamente para contemplar nossos pensamentos, avaliar até que ponto os negativos geram emoções negativas... e, nesse ato, optar por não nutrir idéias capazes de nos magoar.

Somos criaturas que gravitam rumo ao prazer e evitam a dor. Quando percebemos que certas ruminações críticas causam-nos sofrimento grave e duradouro, afastamo-nos delas. Esse é o poder de cura da meditação. Ao vislumbrar com clareza a verdade, nós mudamos. Ao conhecer a verdade de nossos hábitos mentalmente danosos, nós nos livramos deles.

Sejamos Dignos do Amor

De que modo poderemos usar essas três passagens da tradição judeu-cristã para optar pelo amor em lugar do medo? Comecemos examinando-as novamente no contexto da prática de meditação.

- *Não temas.* Aprenda a calar as críticas e preocupações crônicas, concentre-se no momento presente e não no futuro, não receie contemplar honesta e francamente seu próprio ser. Faça com que o amor, em vez do medo, inunde seu coração.
- *Sê calmo.* Aprenda a aquietar a mente sempre que quiser. Quando você olhar para dentro de si mesmo e surpreender seus hábitos mentais em ação, não os julgue. Fique calmo como se fosse um observador ou testemunha e, das profundezas dessa calma...
- *Procura a verdade.* Aprenda a olhar diretamente para descobrir sua própria realidade e a verdade das coisas — e a verdade o libertará.

Essa a essência da cura emocional e cognitiva, quando abordada de um ponto de vista meditativo. Ver a verdade com clareza, sem críticas, é dar início ao crescimento, ao aperfeiçoamento e à cura.

Interrompa a meditação, olhe para dentro, descubra como se sente a respeito de você mesmo. Diga: "Eu me amo assim como sou" e determine se isso de fato é verdade no momento ou apenas revela a presença de discórdia em seu coração.

Se achar que a sua mente está se recusando a deixá-lo amar a si mesmo, examine honestamente o caso sem temer os resultados. Talvez chegue à conclusão de que um pensamento persistente o induz a crer-se indigno do amor. Possivelmente, julga-se feio demais para ser amado ou pouco atraente. Sente repulsa por si mesmo — ou acha-se estúpido, simplório, preguiçoso, quando não uma pessoa chata, deprimente, incômoda.

É importante, quando chegamos à terceira expansão e descobrimos que o coração está de algum modo fechado para o amor por nós próprios, relaxar, ficar atentos ao ato respiratório e descobrir quais pensamentos nos levam a concluir que somos indignos de amor — ou seja, apanhar em flagrante a mente crítica!

Depois de reconhecer as atitudes mentais negativas que bloqueiam seu amor próprio, você estará pronto para olhar além das críticas e vislumbrar a verdade das coisas. Quem, no fundo, você realmente é? Os julgamentos que profere contra si mesmo são justos? Você se percebe incapaz de deixar que o amor flua para o seu coração? Ou já consegue ver-se como uma criação de Deus e, portanto, perfeito tal como é?

Quando sua mente serenar na meditação e você começar a sentir quem realmente é no fundo (não como personalidade ou corpo, mas como ser espiritual vivo), adquirirá um conhecimento direto de si próprio. E, conhecendo a verdade, deixará o amor fluir para o seu coração. Esse influxo de amor corrigirá suas atitudes para consigo mesmo, de sorte que um novo sentimento de amor próprio florescerá em seu íntimo.

O relacionamento consigo mesmo é o mais estreito que existe. Cabe a você escolher que tipo de relacionamento lhe convém: contaminado pelo medo e pela crítica ou amoroso. Durante a meditação, pergunte-se que espécie de amizade pretende travar consigo mesmo. Deseja acaso um amigo sempre disposto a julgá-lo e a negar-lhe afeto ou alguém que o aceita como é?

Em conseqüência do sistema de crenças desenvolvido em sua primeira infância, você se apega a uma auto-imagem em que aparece como uma pessoa quer merecedora, quer indigna de amor. Nas meditações dos próximos dias ou semanas, ao chegar à quarta meditação e dizer "Amo a mim mesmo...", procure:

1. Examinar cuidadosamente que crenças arraigadas a respeito de si mesmo a meditação estimula de imediato. Quem, em seu íntimo, diz: "Sim, você merece ser amado" ou nega-lhe a sensação maravilhosa de amar a si mesmo?

2. Considerar sem pressa o que sente no fundo do coração quando diz: "Eu me amo..."
3. Levar em conta que, a qualquer momento, é livre para continuar se fixando naquilo que lhe desagrada em você mesmo ou aceitar-se e amar-se assim como é.

Desse momento em diante, sugiro que você passe a cultivar o hábito de sentir-se bem com relação a si próprio. Isso cabe a você. Arrisque-se. Ame-se. Deixe que o amor, que tudo cura, flua para o seu coração... Então você conseguirá amar os semelhantes com o mesmo sentimento que o invadiu.

O Amor não é uma Idéia

Você descobrirá que não fará com que o amor flua para o seu coração ou dali para o mundo apenas pensando na vontade que tem de que isso aconteça. Enquanto sua atenção se fixar na cabeça, você ignorará o coração. Em contrapartida, quanto mais se concentrar na área do coração e ignorar a do cérebro, mais amor sentirá.

O amor é um sentimento, não uma idéia. E, como tal, brota do coração, não da cabeça.

Talvez descubra sentimentos ruins ao voltar-se para o coração. Estamos sobrecarregados de velhas feridas de rejeição, desespero, desilusão e cólera nessa área: tais feridas não desaparecem num passe de mágica. Não podemos apagar nosso passado. Só nos é possível aceitar o que aconteceu conosco e parar de julgar isso inaceitável, imperdoável ou insuportável.

Você notará que o segredo de abrir novamente o coração para o amor consiste em aprender a aceitar toda a realidade do seu passado. Não enfrente, não rejeite, não negue sentimentos, quaisquer que sejam no momento. Ao contrário, procure aceitá-los completamente... e faça com que a luz do amor, que a tudo cura, brilhe sobre eles. Essa é a única maneira de transcender os males do coração: amar a si mesmo como se é e deixar que o afeto divino transforme a experiência interior. Esse é o amor de Jesus por seus discípulos e pela humanidade — amor incondicional que a tudo perdoa.

Sempre, durante as meditações e mesmo ao longo do dia, lembre-se de dizer a si mesmo: "Eu me amo assim como sou", permitindo que o potencial para o amor desperte em seu coração. Opte por aceitar-se... e, aos poucos, você aprenderá a olhar, sem julgamento, para a verdade profunda do seu ser. Nesse ato meditativo, você logo perceberá que é uma criação perfeita, a qual não precisa de mudança para estar repleta de amor — por você mesmo e pelo mundo ao seu redor.

> *Pare e Reflita*
>
> Depois de ler este parágrafo, deixe o livro de lado e relaxe um pouco... sintonize-se com sua respiração... com seu coração... e observe como você se sente no momento com relação a si mesmo. Apenas olhe e aceite. Acha fácil amar-se tal como é, sem hesitações nem restrições, ou alimenta julgamentos, atitudes e críticas a seu próprio respeito que bloqueiam o fluxo do amor para o coração? Reflita um instante sobre como você responde ou reage ao dizer: "Eu me amo..."

Tanto Quanto Eu Vos Amei

Jesus presenteou seus discípulos com outra gema de sabedoria espiritual a fim de ajudá-los a palmilhar o caminho do coração. Ofereceu-se a eles como exemplo de amor ao próximo, dizendo simplesmente: "Amai-vos uns aos outros tanto quanto eu vos amei".

Jesus era sem dúvida um ser humano cheio de amor, que quase nunca se encolerizava, sempre oferecia a outra face, era paciente e gentil, compassivo e compreensivo com relação aos pensamentos e sentimentos dos que o cercavam. No entanto, quando examinamos acuradamente o modo como amava as pessoas, vemos que ele não conduzia sua vida de forma a minimizar-lhes o sofrimento emocional. Evitava tomar conta dos sentimentos delas. Não era isso o que considerava amor.

Para ele, amar era acima de tudo manter o coração aberto o tempo todo para o centro espiritual do seu próprio ser. Nesse constante estado de devoção meditativa, ele parece ter vivido, não ocupado em manipular e maquinar com sua mente lógica, mas em seguir a sabedoria e os ditames do coração a cada momento.

Para Jesus, o importante era amar a Deus de todo o coração, mente e alma, e realizar a tarefa que tinha pela frente de maneira espontânea. Por exemplo, ele ensinou aos discípulos que, quando fossem levados à presença das autoridades, não preparassem de antemão o que diriam — antes, permitissem que o Espírito falasse por intermédio deles enquanto mantinham o coração puro e harmonizado com a sabedoria, a orientação espiritual.

Em outras palavras, em vez de viver uma vida prescrita por "deves" e "não deves", Jesus se submetia à realidade e era sempre fiel ao chamamento interior, independentemente do que os outros pensassem de seus atos ou do grau em que estes afetassem os sentimentos alheios. Pelo que sabemos, em tudo o que fez, ele viveu o caminho amoroso da entrega absoluta ao momento espiritual.

Jesus deixou claro que não veio nem para obedecer às leis de sua cultura nem para derrogá-las. Veio para completá-las com outras novas, qualitativamente mais confiáveis — a saber, amar ao próximo como a nós mesmos, e com a mesma impávida honestidade e dedicação à verdade que ele demonstrou em tudo.

Perdão Total

Falar de amor é falar de perdão. Jesus, tal como Maomé, ensinou que Deus é antes de tudo um ser misericordioso e que o poder de perdoar está radicado no poder de amar. Uma das principais mensagens de Jesus durante seus dois anos de ministério ativo foi assegurar a todos que o buscavam com ânimo sincero que Deus lhes perdoara tudo quanto de mal imaginavam ter cometido.

A teologia, em todas as religiões, costuma enredar-se demais nas noções dualistas de certo e errado, bom e mau, santo e pecador. Contudo, os sistemas de crenças que nos julgam como virtuosos ou perversos são desnecessários e mesmo irrelevantes na meditação. Nela não entra o conceito de pecado porque sua finalidade limita-se a banir crenças e julgamentos para, simplesmente, promover a unidade com Deus. No ato da meditação, deixamos por completo de julgar a nós mesmos e passamos a aceitar-nos como de fato somos.

Porém, todos praticamos atos de que nos arrependemos e muitas vezes continuamos a agir de modo a magoar outras pessoas, especialmente quando temos medo e, portanto, mostramo-nos agressivos. Continuamos também a nos julgar pelas coisas que fizemos há muito, muito tempo. Essas críticas engendram a crença de que somos maus, pecadores impenitentes e por aí além. De que modo encaramos o sentimento de sermos pecadores e até perversos, quando esse sentimento surge na meditação? Conseguimos nos perdoar pelas ações "más" que praticamos, a fim de podermos nos amar incondicionalmente?

A misericórdia insere-se no processo natural da meditação, como vimos. O conceito de bem e mal, de ser virtuoso ou pecador é apenas isto: um conceito. A meditação nos conduz para uma forma de consciência em que renunciamos às críticas de nosso comportamento passado, engendradas por nossa mente pensante, e penetramos num estado de graça em que, em vez de refletir sobre o amor e o perdão de Deus, experimentamos diretamente, no fundo de nosso coração, o influxo da aceitação e do afeto divinos em nossa vida.

Sabendo, graças à experiência de meditação, que a infinita força criadora do universo (e de além do universo) é toda amor e perdão, abordamos o ato de perdoar de um ponto de vista pragmático e psicológico. Olhamos para dentro a fim de descobrir se estamos julgando, negando ou condenando a nós próprios e aos semelhantes como pessoas erradas, más, perversas, imprestáveis, inaceitáveis ou indignas de amor. Se deparamos com semelhante julgamento, condenação ou recusa a aceitar a realidade tal como ela ocorreu, utilizamos a abordagem meditativa básica para corrigir esse juízo: aceitamos o que aconteceu não como uma coisa boa ou má, mas como coisa acontecida. No ato de calar o julgamento, permitimos o influxo do amor que a tudo pode curar.

O mesmo se dá no modo de nos relacionarmos em amor ou crítica com as pessoas que nos cercam. No evangelho de São Marcos, Jesus apresenta várias sugestões a respeito da meditação e do perdão. "Quando estiverdes orando, se tiverdes alguma coisa contra alguém, perdoai-o, para que também o vosso Pai que está nos céus vos perdoe as vossas transgressões. Pois, se perdoardes os outros, vosso Pai celestial igualmente vos perdoará". Mais à frente, recomenda que, quando começarmos a orar, tentemos descobrir se abrigamos no coração sentimentos ruins com relação a alguém; em caso positivo, saiamos e façamos as pazes com essa pessoa, antes de reiniciar a prece.

Assim, na quarta meditação, é importante fazer pausas regulares ao dizer "Eu me amo... Amo o mundo..." para determinar se alguém necessita de nosso perdão. Nesse caso, do fundo do coração ou pessoalmente, dependendo das circunstâncias, é vital para sua paz mental e experiência espiritual aceitar primeiro a suposta ofensa que, imagina você, aquela pessoa lhe assacou. Submeta-se à realidade da vida. Aceite e perdoe. Quando você deixa de julgar os que o cercam, torna-se afetuoso para com eles no mesmo espírito com que Jesus nos amou.

Aprender a amar a nós mesmos é empreendimento para toda uma vida. Banir o medo e a crítica é um esforço contínuo que prossegue a cada ato de meditar. A quarta expansão oferece-lhe a oportunidade diária de renovar sua escolha de amar-se tal como é e curar as feridas ou contrações que existirem em seu íntimo.

Desejo enfatizar que, na verdade, não existe um ponto final no processo de cura. A meditação não visa a um objetivo. O momento presente, não o futuro, concentra sempre o nosso enfoque e cada momento é, por definição, novinho em folha: toda a nossa experiência sensorial de hoje está sendo criada pelo desdobramento da manifestação física do Espírito (ou Tao, ou qualquer outro nome que se queira dar ao Inominável). É nesse fragmento eterno do agora que nossa presença pessoal se abre para a Presença Maior e nela se funde...

Jesus disse: "O reino dos céus está próximo". Alguns tradutores insistem em que a versão melhor seria "O reino dos céus está dentro de nós". Ambas as soluções, no entanto, apontam para o aqui-e-agora. É onde o reino dos céus está. E a meditação é a maneira mais direta de fazer pausas regulares, abrir-se, sintonizar-se e penetrar no reino dos céus... onde nosso coração se acha sempre embebido de amor...

O despertar do coração: Meditação Orientada 4

Você notará que, nas meditações restantes deste livro, as palavras iniciais serão sempre as mesmas. Minha intenção é fornecer-lhe a seqüência básica e curta de palavras, o mantra, que você utilizará toda vez que praticar uma meditação dos *Sete Mestres* e acabará aprendendo de cor. Assim, sempre que fizer uma pausa para meditar, não precisará perguntar-se o que fazer. A estrutura e os indicadores verbais se tornarão parte de seu mundo natural.

> Ponha-se à vontade, na posição que preferir... movimente-se como quiser... e, aos poucos, volte a atenção para o ar que percorre suas narinas ou boca... expanda a consciência a fim de incluir os movimentos do peito e do abdome, provocados pela respiração. Diga a si mesmo: "Estou respirando livremente..."
>
> *Ao mesmo tempo*, tome consciência de seu coração a bater nos intervalos respiratórios... de seu corpo inteiro, aqui e agora... de seus pés... mãos... rosto.. todo o seu ser. Atente para os sons à sua volta e diga a si mesmo: "Minha mente está serena..."
>
> Amplie a percepção a fim de incluir o mundo circundante... sua família... seus amigos... seus colegas de trabalho... todos e tudo o que estejam fazendo no momento... o mundo tal qual é neste instante... a perfeita criação de Deus... e diga a si mesmo: "Aceito o mundo como ele é..."
>
> Agora, volte a atenção para seus sentimentos de aceitação e amor por si próprio. Repare como se sente no fundo do coração, no fundo de seu eu. A fim de descobrir de que modo está respondendo às palavras hoje, repita algumas vezes enquanto expira: "Eu me amo assim como sou..." e examine as respostas.
>
> Não se julgue, independentemente do que esteja pensando agora de si mesmo... apenas deixe que os sentimentos permaneçam onde estão... observe-os... contemple a verdade... Você está descontraído, com sentimentos de amor e de auto-aceitação? Ou lutando consigo mesmo, incapaz de perdoar-se e reconhecer plenamente o que é neste exato momento?
>
> O que aconteceria se agora mesmo você renunciasse ao medo e à auto-rejeição? Faça com que seus pensamentos se aquietem... tome consciência das sensações do seu corpo...

e, ao mesmo tempo, dos sons que chegam até você... faça com que os sentimentos comecem a suavizar-se em seu coração... a descontrair-se... Acate a possibilidade de amar-se e aceitar-se tal como é... observe: você tem medo de abrir-se e amar a si mesmo?

Continue respirando... aprofunde a serenidade... deixe que os pensamentos se esfumem... e, por alguns momentos, procure sentir-se perfeitamente bem tal como é... Você é uma criação de Deus... ame-se como Jesus o amou... sem julgamento... sem medo... sem hesitação... perdoe-se por tudo... e diga de novo: "Eu me amo assim como sou..."

Uma vez calados os pensamentos, apenas seja você mesmo, sem críticas ou receios... examine quem de fato você é... descubra sua realidade profunda... que está além das palavras... graças a uma experiência direta... no interior do coração... e deixe que os bons sentimentos se expandam dentro de você, por você mesmo e depois por todos aqueles que você conhece... deixe o amor fluir...

Opte por amar a si mesmo... ou não. Interrogue o coração e descubra o que prefere: julgar-se, temer e rejeitar-se ou abrir-se, aceitar-se e amar-se. A escolha é toda sua.

Como um ato de amor por si mesmo, procure sentir-se bem no íntimo... entregar-se ao amor... deixar que ele o inunde...

"Eu me amo assim como sou..."

Aprofunde a meditação... deixe o amor fluir...

CAPÍTULO 5

Cura Emocional – Maomé

Como vimos, nossa experiência de meditação começa naturalmente pela atenção total ao que está acontecendo no momento em nosso corpo — a respiração, os batimentos cardíacos, nossa presença física total, as emoções, os pensamentos, as intuições, os sentimentos, as percepções e os demais elementos da identidade pessoal que, tomados em conjunto, engendram a experiência interior de estarmos vivos.

As quatro primeiras expansões constituem, juntas, um movimento para a plena percepção íntima daquilo que somos dentro da bolha de nossa consciência pessoal. Quando expandimos a percepção a fim de incluir tudo o que está acontecendo em nossas esferas sensoriais e cognitivas, vemo-nos dentro de uma bolha que se dilata até onde nossos vários sentidos conseguem captar o mundo exterior.

Para algumas pessoas, especialmente as que mostram forte tendência científica, esse nível pessoal de expansão da consciência representa a totalidade da experiência de meditação. Se isso se aplica a você, ótimo: agora você dispõe das quatro expansões como prática meditativa de longo prazo.

Entretanto, minha experiência de meditação ensinou-me que outras expansões de consciência são possíveis — quando optamos por abrir nosso coração à comunhão com uma consciência transpessoal infinita que se situa além da nossa bolha individual de percepção meditativa.

O presente capítulo, e sua expansão meditativa, focaliza o processo graças ao qual podemos tornar permeável a bolha individual de consciência, permitindo que um poder e uma presença espiritual superiores fluam para a nossa percepção pessoal. Na terminologia tradicional, esse influxo é chamado amor de Deus, toque da mão de Alá ou união da mente pessoal com o Tao infinito.

À medida que nos abrimos para o processo meditativo de abertura para a expansão rumo à consciência transpessoal, precisamos cuidar para não atribuir conceitos à essência desse Deus nem ao que possa ser a relação entre nós e o Eu Superior. Isso você terá de descobrir por si mesmo, mediante a experiência direta. Minha tarefa aqui se limita a dotá-lo com o instrumento meditativo que o levará em segurança ao ponto da rendição e da abertura.

Segundo minha experiência, existe mesmo uma consciência espiritual infinita que permeia a realidade física. E todos somos capazes, na meditação, de expandir nossa consciência pessoal a fim de mergulhar nessa consciência transpessoal. A experiência particular que você obtém quando expande sua percepção será afetada, é claro, por suas crenças e expectativas religiosas.

Quando, voluntariamente, dilatamos nossa experiência de meditação para além da percepção energética biológica, a fim de incluir o infinito, damos um salto de fé espiritual graças ao qual nos tornamos inteiramente vulneráveis e receptivos ao poder, sabedoria, amor e consciência que transcende a vivência individual e nos vincula diretamente com dimensões iluminadas do ser. A opção por mergulhar numa consciência que transcende a consciência pessoal é tão decisiva que teremos de explorar esse processo ao longo das três expansões finais de nosso programa de meditação.

Pare e Reflita

Faça uma pausa de alguns minutos... deixe que a poeira verbal assente um pouco... concentre-se no ato de respirar... no coração... no corpo inteiro, aqui e agora... e comece a perceber o que acontece quando você abre o coração para o influxo de amor e orientação vindo de fora de sua bolha sensorial de percepção. Apenas observe, não julgue... e explore a capacidade de fundir sua consciência pessoal com a Consciência Universal...

Abrir-se para Receber

A frase de enfoque para a quinta expansão é uma das que mais gosto de pronunciar, porque sempre experimento uma notável mudança de consciência ao dizer as palavras: "Meu coração está pronto... para receber... a cura de Deus".

Isso é dito em geral pelo tempo de três respirações, a fim de permitir que nos aprofundemos em cada parte antes de passar à seguinte. As duas primeiras partes são básicas e sucintas, apresentando o sujeito ("meu coração") com o verbo ("está pronto") e a intenção ("para receber"). A terceira parte da frase, conforme veremos adiante neste capítulo, é mais complexa e pode ser modificada para adequar-se à sua preferência com relação ao termo aplicável à força amorosa criadora do universo — e, também, ao tipo de influxo mais necessário no momento.

Para alguns, o termo "divino" funcionará muito bem. Para outros, especialmente os de confissão taoísta ou budista e os que cultivam a perspectiva científica secular, outro termo de sua escolha será preferível. Talvez você queira averiguar qual palavra ou palavras específicas lhe parecem melhor ao dirigir a atenção mental para além dos confins de sua própria mente, rumo à comunhão com o que quer que a realidade da presença espiritual no universo signifique para você.

Ao pronunciar essa declaração de intenção em três partes, você estará motivando seu coração a se abrir e tornando sua alma pessoal permeável ao toque da presença espiritual universal. Este capítulo lançará luz intensa sobre sua capacidade de relacionar-se estreitamente com as dimensões espirituais que jazem além de nossos sentidos e percepções como indivíduos.

A quinta expansão da odisséia dos *Sete Mestres* irá surpreendê-lo toda vez que a praticar. Pelo resto da vida, você estará explorando a força dessa expansão a fim de fundir sua vida pessoal com a Consciência Infinita, da qual é parte minúscula, mas altamente significativa.

O ato de render-se a uma presença e vontade espiritual superior sempre foi o fundamento da fé e experiência muçulmana. No presente capítulo, aprenderemos bastante com a abordagem meditativa dessa tradição. Comecemos por uma breve vista de olhos à vida de Maomé, o fundador do Islamismo.

Conheçamos Maomé

Assim como enfrentamos sérias dificuldades ao tratar dos fatos concretos relativos a Patanjali, Lao Tzu, Buda e Jesus, os historiadores consideram Maomé, igualmente, uma figura esquiva, sobretudo quando tentam obter uma idéia clara de quem ele era como mestre espiritual.

Maomé nasceu por volta de 560 d. C. em Meca, que na época era apenas uma aldeola comercial árabe situada num grande oásis a dois dias de viagem em lombo de camelo de Jerusalém e Damasco, ao sul. Muito antes do advento de Maomé, diz-se, o profeta Abraão e seu filho Ismael teriam fundado um santuário chamado Caaba, dedicado a Jeová, no oásis de Zamzam, que está no centro de Meca.

Os descendentes de Ismael formaram diversas tribos árabes, a maioria das quais foi aos poucos perdendo sua identidade com a tradição hebraica. Entretanto, a presença e a influência judaica em Meca remontam à antiguidade, havendo ainda muitos judeus que viviam e praticavam sua fé em Meca e na vizinha Medina quando Maomé veio ao mundo. Com certeza, era comum durante a infância de Maomé a noção generalizada de que existia um Deus Todo-poderoso acima e além de todas as incontáveis divindades locais adoradas por diferentes tribos na região. Todavia, predominava na cidade o culto de inumeráveis ídolos e espíritos *jinn*, que os judeus consideravam pagão.

Seiscentos anos após o nascimento da religião cristã, diversas seitas já estavam instaladas em território árabe, sobretudo a dos nestorianos. Embora analfabeto, Maomé sem dúvida teve estreitos contatos com os credos cristão e judeu durante sua infância e início da idade adulta; e, na qualidade de árabe, declarou-se herdeiro da tradição religiosa que remontava a Adão, Abraão e Ismael.

Maomé integrou muitos dos ensinamentos e crenças tanto dos judeus quanto dos cristãos em sua religião tipicamente árabe. Mas, como logo veremos, deu ao Islã uma posição claramente distinta sob certos aspectos teológicos importantes.

O pai de Maomé pertencia à tribo localmente dominante dos Curaíxes, que se subdividia em inúmeros clãs autônomos.

Era um mercador pobre, mas estável, que morreu numa jornada de caravana quando Maomé estava ainda no ventre materno. A mãe, Amina, também morreu quando o menino tinha apenas 6 anos. Em sua vida adulta, Maomé enfatizou sempre os cuidados a serem ministrados aos órfãos, viúvas e gente pobre em geral.

Na adolescência, esteve sob a guarda de seu tio Abd Manaf e outros membros da família estabelecidos em Meca. Não faltam mitos e lendas a respeito da infância do Profeta, mas quase nada foi historicamente documentado. Parece ter sido um jovem muito honesto e confiável, que trabalhava no comércio de caravanas. Conta-se que, como nenhum outro, inspirava confiança e assumia responsabilidades. Na idade de mais ou menos 25 anos, encarregou-se do patrimônio de uma bonita e rica viúva chamada Kadijah, quinze anos mais velha que ele. Tornaram-se íntimos, casaram-se e constituíram família.

Maomé, todos os anos, retirava-se para o deserto perto do monte Hira durante o mês sagrado do Ramadã, para meditar na solidão. Num ano fatídico, segundo a escritura islâmica, foi dominado subitamente enquanto meditava por uma série de visões que para sempre mudariam não apenas sua própria vida, mas as de mais de um bilhão de seres humanos.

No Alcorão, diz-se que Maomé viu Gabriel e outros anjos hebreus: "Despertei de um sono profundo e era como se eles houvessem escrito uma mensagem em meu coração. Saí da caverna e, postado na montanha, ouvi uma voz que dizia: 'Ó Maomé, és o apóstolo de Alá e eu sou Gabriel'".

A partir dessa revelação inicial e de outras que se seguiram, Maomé recebeu um conjunto crescente de informações vindas do "além", que ele memorizou e passou a transmitir a um grupo cada vez maior de discípulos em Meca. Kadijah foi a primeira a converter-se à nova visão espiritual que se manifestara por meio do marido e, pelos dez anos seguintes, ele continuou a receber preceitos inspirados que iriam plasmar-se no Alcorão (ou Qur'an), o livro sagrado do Islã.

À medida que os anos passavam, Maomé se tornou mais e mais confiante em sua identidade de profeta vinculado diretamente à antiga linhagem dos videntes hebreus. Considerava Jesus o enviado mais recente de Alá e respeitava-lhe muito os ensinamentos — mas recusava-se a atribuir-lhe condição superior a isso. Maomé deixava claro que adorar Jesus como o filho unigênito de Alá era idolatria. No Alcorão, ele diz que "o Messias, Jesus filho de Maria, foi apenas um emissário de Deus. Acreditai, pois, em Deus e em Seus enviados e não faleis em trindade. Só Deus é digno de veneração". Essa insistência, é claro, distanciou Maomé das comunidades cristãs da área.

Embora abominasse todas as formas de idolatria que desviassem a atenção de Alá, Maomé insistiu várias vezes no Alcorão: "Sejam muçulmanos, cristãos, judeus ou sabeus, os que acreditam em Deus e no Último Dia serão recompensados pelo Senhor, caso façam o bem". O Islã, a esse respeito, pratica a inclusão e de fato não foi considerado no início uma religião separada, mas sim o remate dos ensinamentos dos antigos profetas. O Alcorão afirma, especificamente: "Nós acreditamos em Deus, nós acreditamos naquilo que nos foi revelado, nós acreditamos naquilo que foi revelado a Abraão, Ismael, Isaque, José e às Tribos, nós acreditamos no que foi dado a Moisés e Jesus, nós acreditamos no que foi dado aos profetas por obra de seu Senhor, nós não fazemos distinções entre eles, pois nos submetemos a Deus".

Entretanto, a comunidade judaica de Meca não acolheu bem o jovem que se proclamava um novo profeta de Deus. Ao contrário, pôs-se a rir dele e, de concerto com a população árabe dominante na cidade, acabou obrigando-o a fugir dali — para salvar a vida. Perdendo quase toda a fortuna que acumulara, partiu com a família para a vizinha cidade fortificada de Medina, onde duas comunidades judaicas e três tribos árabes conviviam com certo desassossego.

Durante os primeiros anos em Medina, Maomé continuou sua pregação e logo se viu aceito como líder espiritual. Em uma década, sua crescente popularidade e poder fizeram dele a figura mais notável do lugar. Após uma série de escaramuças com Meca, cujos dignitários proibiram-no e a seus seguidores de fazer peregrinações ao santuário de Abraão, Maomé entrou na cidade à testa de um exército e reivindicou pela força o direito de visitar o recinto sagrado para seu novo movimento religioso.

Maomé e a Meditação

Mesmo depois de recuperar sua fortuna, Maomé continuou vivendo com simplicidade. Era humilde, amistoso e gentil (exceto quando comandava um exército em batalha!). Mostrava-se dedicado às suas várias esposas e à tarefa de manter uma comunidade segura, livre da pobreza, pregando uma fé muito semelhante à cristã — ou seja, que Alá é o único Deus verdadeiro, misericordioso e sábio, e que a completa submissão a esse ente absoluto, cuja vontade deve ser aceita e cumprida, constitui o autêntico caminho espiritual.

De suprema importância para nossa capacidade de aceitar com confiança uma força espiritual superior em nossa vida, ensinou Maomé, é a certeza de ser Alá, primeiro e acima de tudo, um Deus amantíssimo cujas bênçãos e orientações estão sempre ao alcance daqueles que se abrem para sua presença. Alá está também sempre pronto a perdoar todos os pecados dos penitentes que implorarem sua misericórdia. Maomé ensinou que não devemos recear abrir nosso coração para permitir que a influência e o amor de Deus se derramem por sobre nossa vida.

Em contraste com a intemperança e a ética do olho-por-olho praticadas na época pelas comunidades árabes locais, a moralidade do Império Islâmico de Meca e Medina, em rápida expansão, era bastante exigente. O Islã preceituava a vida boa e justa tal qual esboçada nos Dez Mandamentos de Moisés, bem como a adoção de um caminho mediano, sem extremos, sempre com o nome e a presença iluminadora de Deus na mente.

A prática religiosa básica que Maomé pregou foi a prece ritual regular chamada *salat*. Originalmente, o exercício diário de meditação consistia em três pausas durante as quais se recitavam versículos do Alcorão e se executavam certos movimentos contidos, como as reverências a Alá. Maomé enfatiza, no Alcorão, que esse tipo de prece ritual fora praticado por Abraão, Ismael, Moisés e Jesus, devendo permanecer como o cerne operacional do credo especificamente árabe que ele trazia à luz.

Uma das lições fundamentais ao longo do Alcorão, repetida incansavelmente pelos fiéis durante a prece ritual, é: "Deus quer te dar o esclarecimento e guiar-te, ficando ao teu lado ... pois Deus tudo conhece e tudo sabe ... Ele deseja aligeirar teu fardo, ciente de que a humanidade foi criada frágil". Em outras palavras, Deus está sempre presente para entrar em nosso coração e orientar-nos com sua infinita sabedoria, já que, de outra forma, em nossas rotinas humanas e hábitos mentais, tenderíamos a perder contato com nossa consciência espiritual íntima e a cultivar idéias ou comportamentos indesejáveis.

O enfoque primário da fé islâmica — confiança persistente na "prontidão para receber Deus" — conduz-nos diretamente ao tema deste capítulo e expansão meditativa, a saber, a frase de concentração: "Meu coração está pronto ... para receber ... a cura de Deus". Na tradição islâmica, Deus sabe tudo o que acontece em nosso coração e não precisamos lembrá-lo daquilo de que temos necessidade. Basta-nos invocá-lo sob qualquer nome, submeter o ego ao nosso centro espiritual e, em vez de falar, ouvir. Tal como o encaro, isso é o que o muçulmano faz, no nível do espírito, cinco vezes por dia ao parar para cumprir a prece ritual.

Maomé disse no Alcorão (ou antes, citou as palavras de um anjo): "Deus é o primeiro e o último, o manifesto e o oculto ... Deus estará contigo aonde quer que vás e verá tudo o que fizeres ... Deus sabe o que acontece dentro dos corações". Por isso, não apenas durante as preces rituais diárias, mas a cada momento de nossa vida, a verdadeira resposta espiritual à presença de Deus consiste em manter o coração aberto para receber a orientação divina. Pelo que sei, essa é a única meditação existente na tradição islâmica: submeter perpetuamente os projetos de nosso ego aos projetos espirituais superiores de Deus e, assim, permitir que a cura originária de seu amor e sabedoria se derrame por nossa vida, sempre e a todo instante.

Calar a Tagarelice

Afora o objetivo último da meditação (manter a presença constante de Deus em nossa vida), pouca coisa é dita especificamente sobre a prática meditativa no Alcorão. O termo árabe *Islam* deve ser traduzido, com mais propriedade, como "submissão à vontade de Deus". Conservar Deus na mente e render-se por completo à vontade e orientação divinas: isso *é* meditação na tradição islâmica.

Há pouco, um especialista em estudos islâmicos lembrou-me de que o significado árabe da palavra "pensamento" costuma ser vertido como "preocupação". Conforme vimos em capítulos anteriores, um dos objetivos fundamentais da prática meditativa consiste em desviar a atenção das idéias preocupantes e entrar em comunicação direta com o amor de Deus, que flui para dentro de nós quando serenamos nossa mente inquieta. Entregando nosso destino a Deus, recebemos uma orientação superior que nos permite relaxar, a confiar nessa orientação profunda a fim de viver a vida sem nos preocuparmos perpetuamente com o futuro.

O ato de calar a tagarelice interior cotidiana é cumprido, na tradição islâmica, ocupando-se a mente com dizeres espirituais — repetindo-se esses dizeres em silêncio e às vezes em voz alta. Qual a finalidade disso? Só uma: dirigir a mente para a comunhão direta com Deus.

As sete frases curtas de concentração que constituem a prática meditativa dos *Sete Mestres* servem ao mesmo propósito superior. Com efeito, nosso programa de meditação reflete diretamente, nesse nível, a abordagem islâmica do assunto. A cada sessão, recomendo ao leitor repetir na devida ordem as sete declarações de intenção que dirigem nossa mente para a presença espiritual suprema.

Veremos, nos próximos capítulos, que você pode também repetir apenas uma das sete declarações a cada respiração, mais ou menos como a comunidade islâmica repete certas passagens do Alcorão, os budistas entoam certas palavras de Buda e os cristãos reproduzem certas frases de Jesus. Esse processo de ocupar a mente com determinadas expressões e idéias encaminha-nos para Deus, não importa o nome que lhe dermos, e realizará plenamente nosso intento meditativo.

Pare e Experimente

Interrompa a leitura por alguns momentos a fim de testar o processo de repetir várias vezes uma declaração espiritual ... dizendo-a para você mesmo ao expirar ... ou então em voz alta e de modo subliminar, caso preferir. Fique depois em silêncio, ao inspirar ... e perceberá o que lhe acontece ao repetir "Meu coração está pronto... para receber ...", pelo tempo de doze a vinte respirações.

Transe ou Meditação

Há que se fazer pelo menos duas distinções entre as formas tradicionais de prece ritual e o programa de meditação que estamos ensinando aqui. As sete frases que lhe recomendo repetir não fazem obviamente parte de nenhuma teologia ou dogma religioso particular: são mais universais. A outra distinção tem a ver com o modo de repetir as frases. Em meus estudos de hipnose e estados de transe, aprendi que, repetindo uma frase várias vezes, a cada nova respiração, as pessoas conseguem entrar em transe, perder sua identidade pessoal e alcançar um maravilhoso estado de transcendência abençoada. Isso quase sempre acontece nas cerimônias tradicionais de prece ritual dominadas pela repetição verbal.

Há algum valor espiritual no estado de transe, pois ele nos permite vivenciar a consciência sem o predomínio do ego pessoal. Todos tendemos a mergulhar com gosto nesse estado quando dançamos, cantamos canções de cor, corremos, etc. A euforia temporária provocada pelo transe é, em definitivo, sedutora — e não raro um alívio supremo e necessário, que nos distancia da consciência normal.

Entretanto, descobri também que passar à condição de transe por um meio qualquer não é a mesma coisa que entrar em estado meditativo, em que permanecemos plenamente conscientes do momento atual. Muitas dimensões da consciência se perdem quando caímos em transe, mesmo o do tipo profundamente religioso. Em contrapartida, no estado meditativo continuamos atentos ao que acontece à nossa volta ou que penetra espontaneamente em nossa consciência vindo de dimensões espirituais mais remotas.

Quando aconselho você a praticar as sete declarações ou repetir apenas uma delas certo número de vezes, o objetivo limita-se a fazer com que as palavras atraiam sua atenção para o significado que encerram. Voltada a atenção para a meta desejada, é tempo de aquietar a mente e simplesmente *vivenciar* o que lhe acontece quando você ultrapassa as palavras e atinge a consciência pura do eterno momento atual.

Rendição

Em nossa cultura, a rendição é usualmente considerada um ato de fraqueza; render-se é desistir, perder, ter assolados o próprio território e a própria integridade. Ensinam-nos a fazer exatamente o contrário: militar a boa milícia e jamais entregar nosso ego pessoal ao poder dos outros. De outro modo, perderemos nossa inteireza, seremos pisoteados pelo vencedor, amargaremos o fracasso e a humilhação. O ego acha que sua tarefa consiste em proteger-nos de influências externas capazes de nos dominar, perturbar ou prejudicar, bem como de sacudir nosso equilíbrio interior, nossas crenças a respeito de como as coisas devem ser. A função do ego é manter o *status quo*, robustecer nosso senso de identidade, consolidar as crenças e atitudes que consideramos os fundamentos de nossa existência.

O despertar espiritual exige que o ego se submeta a uma consciência superior, a um poder maior, a uma realidade mais abrangente que a contida em nossas crenças entranhadas sobre o significado da vida. Quando mergulhamos em meditação, exprimimos o desejo de ir além das idéias e ações programadas para descobrir a realidade de modo direto, como experiência do momento presente. Buscamos a verdade por trás dos preconceitos. Almejamos a transformação de nosso senso do eu pela vivência do encontro direto com o real.

De onde virá essa experiência nova e ampliada? Não de nossos próprios conceitos de realidade e sim de uma fonte situada além da definição ou do controle de nosso ego. Por isso a quinta expansão é tão importante para uma completa experiência de meditação: com efeito, atingimos agora o ponto em que, psicologicamente, estamos aptos a pronunciar as palavras explosivas: "Meu coração está pronto ... para receber. ..."

A ação de abrir nosso coração ao amor e à sabedoria é a verdadeira façanha da aventura espiritual. Quando abrimos nosso coração para receber, tornamo-nos vulneráveis colocando-nos em posição de submissão, de confiança cega. Baixamos as defesas do ego e acatamos a experiência do fluxo de um poder maior, de uma fonte de amor e criação que passa a jorrar em nossa vida.

Baixar as defesas do ego e dispor-se a acolher o influxo de uma consciência superior está no centro da vida espiritual. Em termos psicológicos, todos fomos condicionados fortemente a repelir influências externas que possam ameaçar nosso senso estabelecido do que a vida significa.

No entanto, como logo aprenderemos, nosso ego não é sempre um aspecto inteiramente defensivo e egoísta da consciência. Ele perde às vezes o domínio quando uma irrupção abrupta de percepção intuitiva e mística ocorre e a experiência se revela positiva, não negativa.

Todos somos influenciados por esses lapsos ocasionais e momentâneos no controle do ego, quando o Espírito se derrama por nossa consciência pessoal. Nosso coração é tocado profundamente por essa experiência. É em instantes assim, de perda passageira do domínio do ego, que compreendemos a necessidade de assumir o risco e ansiamos por abrir nosso coração a fim de receber.

Onde Entra a Fé

Quando assumimos o risco de abrir nosso coração para receber o toque curativo de Deus, utilizando as palavras que quisermos, damos um salto de fé. O ato de rendição exige que tenhamos confiança suficiente na fonte do influxo, que desejemos tornar vulnerável nosso coração. Precisamos acreditar que o poder recebido no âmago de nosso ser é bom, amoroso, sábio e absolutamente confiável.

Por definição, o influxo espiritual a que estamos nos abrindo é misterioso, para além de nossa compreensão conceitual. Estamos pedindo para ser esmagados por uma realidade que ultrapassa os dados intelectuais de nossa mente. Afinal, é isso que significa "espiritual": a realidade maior, distanciada do modelo conceitual de realidade produzido por nosso intelecto.

De um lado, queremos experimentar a vida mais plenamente, sintonizar "a verdade que extrapola toda compreensão", como diz a Bíblia. É como se todos tivéssemos uma fome inata pelo mergulho na consciência infinita de onde a nossa consciência individual se originou, conforme demonstraram com sua pesquisa do cérebro os cientistas de *Why God Won't Go Away*. Mas, a ser assim, por que não estamos todos realizando esse desejo e vivendo nossa vida na abundância da orientação e capacitação espiritual?

Quase todos nós possuímos uma fé baseada em encontros positivos que tivemos com o divino. Essa fé nos estimula ao salto, à rendição e à vulnerabilidade. Mas uma força igual e contrária em nosso íntimo ergue-se no caminho dessa disposição para a entrega e a transcendência. Que força é essa que tantas vezes nos impede de correr o risco espiritual decisivo?

Pare e Reflita

Talvez você queira agora parar por alguns instantes e refletir sobre seu próprio grau de fé na rendição ao influxo do amor e da energia espirituais...

- Você acredita no universo espiritual a ponto de tornar-se vulnerável a seu influxo?
- Está aberto para receber ou inteiramente fechado?
- Que tipo de medo mantém seu coração inacessível ao influxo espiritual?
- Está mesmo pronto e ansioso para abrir seu coração ao mistério do mundo espiritual?

Cura Emocional

Maomé afirma muitas vezes, no Alcorão, que quando firmamos a atenção em Deus, Deus vem até nós — um Deus todo de amor, poder e sabedoria. Quando você diz a si mesmo: "Meu coração está pronto para receber a cura de Deus", está concentrando o coração diretamente na fonte absoluta da orientação espiritual positiva e do amor que a tudo cura.

Vimos que a razão básica de nos fecharmos à experiência espiritual é o fato de atulharmos nossos pensamentos e emoções com um peso enorme de contradições e mágoas do passado — mágoas que nos tornam medrosos, desconfiados, incrédulos e sempre na defensiva. Se não curarmos essas mágoas, ficaremos isolados de nosso potencial espiritual superior.

Fomos todos, ao crescer, feridos de uma maneira ou de outra. Parece impossível atravessar a infância sem ter nossos sentimentos agredidos com freqüência, sem desenvolver inibições e contradições. Nascer como criatura humana neste mundo significa curar essas feridas emocionais — ou então seguir pela vida constrangido, limitado, manietado, sofrido.

Toda vez que você entrar no processo de meditação dos *Sete Mestres* e chegar à quinta expansão, ingressará num estado mental em que poderá, ativamente, abrir o coração com todas as suas mágoas e contradições para receber o toque de cura do amor universal. Depois de, ao menos temporariamente, haver suspendido o controle absoluto do ego sobre seu destino, estará pronto para aceitar uma ordem superior de lucidez, saúde e compreensão. Seu ego praticará o ato solidário de sair do caminho a fim de que a cura emocional e espiritual possa ocorrer.

Revisemos agora o processo, pois ele é muito importante, muito simples — e, no entanto, às vezes muito fácil de esquecer:

1. Você resolve meditar e passa pelas primeiras quatro etapas do processo de expansão.
2. Você começa a atentar para o coração e vivencia, honestamente, quaisquer emoções ou atitudes que o estejam dominando e que talvez precisem ser curadas.
3. Você aceita o que encontra no coração em vez de negá-lo (mesmo que o magoe).
4. Você se dispõe a abrir o coração ao influxo do amor curativo de Deus, que irá tocar e curar diretamente a ferida emocional e a atitude mental ou crenças baseadas no medo.

Sempre que voltar a atenção para o coração e descobrir que ele dói, que se contrai ou parece insensível, como se ali não estivesse, fique certo de que conseguirá ultrapassar a quinta expansão e abrir-se imediatamente para receber o amor curativo da fonte absoluta da saúde. Se você estiver sofrendo emocionalmente, seja de mágoa ou desapontamento, cólera ou medo, ansiedade ou desespero, apenas pronuncie as palavras mágicas e você ativará o sistema de cura espiritual mais natural e poderoso que existe: "Meu coração está pronto para receber ... a cura de Deus".

Por favor, sinta-se livre para compreender esse processo de cura dentro de qualquer quadro teológico ou filosófico que preferir. A fonte primordial da cura será a mesma, quer você a chame de Deus, Alá, Eu Superior, Grande Espírito ou poder de cura do amor no universo. A cura acontece não pelo nome que você lhe dá, mas por sua disposição em recebê-la.

Sem dúvida, muitas vezes você mergulhará na quinta expansão sem sentir nenhuma dor ou angústia no coração. Com efeito, quando chegar à quinta expansão, sobretudo depois de praticar essa meditação diariamente por algum tempo, estará até se sentindo melhor. Sendo esse o caso, talvez prefira substituir a expressão "cura de Deus" por uma das seguintes variações: "Meu coração está pronto ... para receber inspiração espiritual ... para receber força e orientação ... para receber amor ... para receber o que estiver reservado para mim ... (ou simplesmente) para receber ..."

Maomé ensinou a seus discípulos que, se apenas voltassem o coração e a mente para Alá, Alá os curaria, guiaria e abençoaria. Também Jesus disse estas palavras maravilhosas: "Pedi e recebereis; procurai e achareis; batei e abrir-se-vos-á".

Na quinta expansão, é o que fazemos. Pedimos a ajuda direta de Deus. Batemos às portas do céu... e acolhemos o que quer que flua para o nosso coração a partir dessa fonte espiritual suprema. Chegamos a um estado em que, como se costuma dizer, "Se melhorar, estraga". Todos somos abençoados com essa possibilidade de acesso instantâneo ao divino. Só o que nos resta fazer é lembrarmo-nos de pedir.

Cura emocional: Meditação Orientada 5

> Coloque-se em posição confortável... movimente-se à vontade... e aos poucos volte a atenção para o ar que entra e sai por seu nariz ou boca... expanda a percepção para incluir os movimentos do peito e do abdome, provocados pela respiração... diga a si mesmo "Estou respirando livremente..."

Atente também para o coração, no intervalo das respirações... conscientize-se do corpo inteiro, aqui e agora... dos pés... das mãos... do rosto... da totalidade de seu ser... dos sons à sua volta... e diga a si mesmo "Minha mente está serena..."

Expanda a percepção para incluir o mundo circundante... os membros de sua família... sua comunidade... seus colegas de trabalho... todos e o que quer que estejam fazendo no momento... o mundo tal qual é... a criação perfeita de Deus... e diga para si mesmo "Aceito o mundo tal como ele é..."

Enquanto se concentra no coração, repare no modo como se sente relativamente ao seu próprio eu... observe se tem o coração leve ou pesado... contraído ou expandido... Caso esteja julgando a si mesmo, renuncie aos julgamentos... perdoe-se por tudo o que mereça perdão... deixe que o amor flua... e diga a si mesmo "Eu me amo assim como sou..."

Concentre-se na respiração... no coração... em sua presença corpórea como um todo... e na bolha de percepção dentro da qual tem vivido sempre... comece a visualizar o ponto em que sua percepção pessoal se encontra com a percepção infinita do universo... a presença amorosa de Deus... note como se sente ao repetir "Meu coração está pronto..."

Abra o coração e rompa sua bolha pessoal de amor e vida *a fim de tocar intimamente* a realidade infinita transcendente... aos poucos, sabendo que está se abrindo ao influxo espiritual, tornando permeável a membrana pessoal da percepção... e repita para si mesmo algumas vezes "Meu coração está pronto... para receber..."

Não importa o nome que você dê à infinita presença espiritual do universo, Deus, Alá, Tao, etc. ... comece a abrir o coração para essa presença amorosa... e diga a si mesmo "Meu coração está pronto para receber... a cura divina..."

Nossas emoções estão sempre em processo de fluir, curar-se, recuperar-se de mágoas e danos passados... já é hora de admitir que você às vezes se magoa... e que gostaria de receber o toque de Deus em seu coração, para ajudá-lo a esquecer, perdoar, recuperar-se, curar-se...

Livre-se do medo... ponha de lado as crenças... deixe as coisas correr... submeta-se ao poder de cura que agora se derrama em seu coração... em todo o seu ser... ciente daquilo que lhe é necessário...

"Meu coração está pronto para receber... a cura de Deus..."

Agora, deixe a meditação vagar por onde queira...

CAPÍTULO 6

A Lembrança de Si Mesmo – Gurdjieff

Sinto-me alegre ao passar para a sexta expansão de nosso programa de meditação porque, ao fim de cada capítulo até agora, é como se já tivéssemos um programa completo. No entanto, ao iniciar um capítulo novo descobrimos outra expansão crucial de consciência, ao mesmo tempo possível e sob muitos aspectos absolutamente necessária para um caminho unificado de despertar espiritual.

Estou certo de que, no entender de muitos leitores, o aprendizado da quinta expansão proporcionou-lhes instrução para uma vida inteira de meditação profunda. E isso, em diversos níveis, é verdadeiro. Depois de atingir a expansão íntima da consciência, graças à qual o coração se abre a fim de receber o influxo direto do divino, haverá outra expansão necessária ou mesmo possível? Ou não?

Quando eu estudava no Seminário Teológico de San Francisco, analisei a fundo a herança cristã de minha família e vi-me mergulhando cada vez mais em experiências da quarta e quinta expansões, à medida que abria meu coração de par em par tanto para o amor por mim mesmo quanto para o influxo do amor espiritual da Fonte. Plenamente inteirado da tradição contemplativa da Igreja primitiva, voltada para o coração, julguei haver descoberto o segredo final de todos os programas de meditação. Deixar que a força do amor nos inunde e que esse dom se projete de nós parecia englobar tudo e tudo resolver.

Naquela época, início dos anos 1970, o seminário tentava acomodar-se aos novos tempos e ampliar sua orientação cristã para acolher todos os mestres espirituais. Nesse espírito, a instituição permitiu-me organizar com a ajuda de um amigo cursos noturnos no câmpus, em que professores não-cristãos pudessem apresentar suas idéias sobre como amar mais intensamente por meio da contemplação e da meditação. E assim aconteceu que, às segundas-feiras, durante um ano, tivemos aulas de ioga com Kriyananda, um dos primeiros discípulos de Yogananda. Às quartas, éramos abençoados com a presença do vigoroso mestre sufi Sam Lewis, que conduzia um numeroso grupo em sessões de dança, canto e meditação. Nas noites de sexta, Alan Watts instruía-nos e orientava-nos em sua abordagem meditativa de essência zen-budista. Para completar a semana, nos sábados à noite um dos professores mais vanguardistas do seminário ensinava-nos meditação segundo a tradição cristã.

Numa análise retrospectiva, reconheço dever várias de minhas idéias iniciais do presente livro àquele tempo muito especial. A imersão profunda em quatro tradições de meditação distintas — hindu, sufi, budista e cristã — foi um modo excelente de explorar a realidade da meditação para além de fronteiras de qualquer religião em particular.

Primeiro Encontro

Foi durante um dos nossos animados encontros de quarta-feira com Sam Lewis que ouvi pela primeira vez o nome Gurdjieff e soube de uma meditação chamada "lembrança de si mesmo". O próprio Sam provinha de raízes judaicas tradicionais e por isso passara com naturalidade para uma forte orientação sufi, já que o sufismo se abebera em antigos ensinamentos tanto de judeus quanto de muçulmanos. Norte-americano verdadeiramente esclarecido e então já septuagenário, Sam fora conduzido a seu despertar espiritual, muitos anos antes, por Hazrat Inayat Khan, o renomado mestre sufi e consagrado músico da Índia, como também por Nyogen Senzaki, fundador do primeiro mosteiro zen da América, e Swami Papa Ramdas, da tradição hindu.

Era claro para todos quantos o conheciam que o "sufi Sam" encarnava o novo despertar espiritual típico da década de 1960. Por muitos anos, andara estudando e ensinando sem estardalhaço; depois, no final da vida, ficou subitamente conhecido do público ao criar a Sufi Islamia Ruhaniat Society e começar a ter uma série de visões, que deram nascença às Danças da Paz Universal. Essas danças se tornaram, no mundo inteiro, a pedra angular de uma comunidade espiritual maravilhosamente feliz.

Certa noite, durante o inverno de 1969, Sam Lewis conduzia no seminário a dança sufi semanal com cerca de duzentas pessoas quando se pôs a falar sobre um mestre espiritual radical chamado Gurdjieff e a prática básica de meditação que ele ensinava a seus discípulos, conhecida como "lembrança de si mesmo".

Recordo-me de que Sam disse no encerramento de sua palestra: "Não basta amar e abrir o coração. O caminho espiritual exige que tenhamos consciência de estar com o coração aberto". A princípio, não entendi o que ele queria dizer. Sam explicou então que devemos nos esforçar para "perceber tanto o nosso eu interior quanto o que vemos, ao mesmo tempo". Deu a essa dupla percepção o nome de "atenção dividida" — a prática de manter uma parte da atenção voltada para fora durante a experiência do momento presente e a outra voltada para dentro, a fim de detectar a presença do observador.

"Aqui, estou citando Gurdjieff, um dos mestres autênticos desse processo", esclareceu Sam. "Foi ele quem mais compreendeu a atenção dividida e a lembrança de si mesmo. Na verdade, esses termos são dele."

A seguir, induziu-nos a uma meditação tranqüila, dando-nos um vislumbre da atenção dividida. Depois, entregamo-nos ao puro prazer da dança ritual, que durou mais uma hora ou coisa assim. Eu, ainda deslumbrado com o processo de "lembrança de si mesmo", conversei um pouco mais com Sam e ele me passou o telefone de uma senhora idosa que estudara em Paris com o próprio Gurdjieff, na década de 1930. Essa senhora, afirmou Sam, de muito boa vontade me transmitiria o que aprendera do mestre.

O que ela, gentilmente mas com firmeza, ensinou-me nos meses seguintes foi que de fato se pode dar um grande passo além da quinta expansão — o passo aparentemente simples, mas ao fim sublime, que consiste em aprendermos a ficar conscientes em duas direções ao mesmo tempo, para dentro e para fora. Explicou-me ela que o enfoque dual é a pista para se estar "no fluxo e, concomitantemente, ter consciência de quem ali está".

A seu ver, na meditação, tendemos quase sempre a nos perder na experiência espiritual. Para Gurdjieff, essa perda de consciência é antes uma indulgência que uma expansão. Gurdjieff prescrevia o passo espiritual maduro e sério de não nos dissolvermos na experiência mística, mas sim utilizá-la para elucidar nossa própria presença interior.

Na quinta expansão, enfatizamos a experiência do influxo de amor e sabedoria espirituais. Gurdjieff anima-nos a expandir ainda mais tal experiência graças ao ato interior de desviar parte da atenção da coisa observada e transferi-la para o observador. Em suma, quer que nos concentremos naquilo que percebe: nossa própria fonte de consciência.

Gurdjieff

Há mais de catorze mil *websites* relacionados a esse homem misterioso, sua vida e seus ensinamentos. Alguns são francamente, quando não descaradamente, incensatórios; outros procuram mostrar-se imparciais, lançando luz sobre quem era Gurdjieff e até que ponto ele continua a influenciar seus adeptos; e há os que se mostram absolutamente hostis a ele. Embora Gurdjieff fosse ternamente amado por muitas pessoas, parece ter insuflado de propósito, para a mídia, um torvelinho de confusão e mistério em torno de sua vida e suas idéias.

Gurdjieff desprezava sem rebuços os grupelhos espiritualistas, celebridades e repórteres farejadores que o perseguiram durante toda a sua vida extremamente rica e agitada. Não raro, chegava a expulsar pessoas de seu círculo mostrando-se bizarro e mesmo ameaçador. Com regularidade, "violava todos os nossos estereótipos do líder espiritual e às vezes repelia os simpatizantes mais frívolos", conforme comentou um dos membros de seu grupo. Ele fumava, bebia, praguejava, farreava e com freqüência exibia a gama inteira das emoções humanas. Gostava de promover grandes festas, sendo conhecido pelas comemorações e noitadas musicais que às vezes varavam a madrugada.

Ouviam-no dizer que "nunca atingimos os limites de nossa força" — e de fato é o que parecia acontecer com ele. Numerosos relatos dão conta de que só dormia duas horas por noite. Recolhia-se por volta das quatro da manhã, saía às seis de seu quarto de hotel em Paris, Londres, Nova York ou outro lugar qualquer e ia conversar em seu "escritório" localizado num bar das imediações. Era também um excelente músico e dançarino; produziu diversas óperas e criou muitos bailados rituais.

A despeito de sua crescente reputação, na imprensa, de alguém que se desmandava a ponto de ofender entrevistadores e discípulos, Gurdjieff tinha riso pronto e largo, indício de forte senso de humor. Era ainda, concomitantemente, gentil (sempre achava tempo para brincar com os filhos de seus inúmeros seguidores, instruindo-os) e corajoso, mesmo nos momentos de extremo perigo.

Dos muitos relatos de pessoas que conviveram com ele, Gurdjieff emerge como uma personalidade cheia de mistério, mas maravilhosa. Sabemos que nasceu, de pais armênios cristãos, na obscura cidadezinha de Kars, fronteira russo-turca, perto de Alexandropol (c. 1866). Segundo sua pitoresca biografia juvenil, *Meeting with Remarkable Men*[1], parece ter tido uma família culta, fortemente propensa ao misticismo. Desde tenra idade ele buscou com afinco mestres espirituais de todos os tipos, para mitigar seu apetite insaciável por informações e idéias novas. Seu intelecto e interesses eram múltiplos: podia discorrer proficientemente sobre a teoria da relatividade e, na mesma conversação, discutir a criação de búfalos no Nepal. Não bastasse isso, ao que parece, dava-se igualmente bem com astros de cinema e camponeses analfabetos.

Embora Gurdjieff se recusasse a registrar, depois do livro mencionado, quaisquer fatos concretos a respeito das primeiras etapas de sua vida, é quase certo que passou muito tempo na Índia, no Tibete e nas redondezas, buscando exercitar-se na

1. *Encontro com Homens Notáveis*, Editora Pensamento, São Paulo, 1980.

antiga sabedoria. Em 1904, foi visto no Tibete por Achmed Abdullah, espião a serviço dos ingleses quando estes invadiram o país. Por essa época, Gurdjieff era alto funcionário político junto ao Dalai Lama e adotara o nome de Dordjieff. Tempos depois o mesmo espião, então autor consagrado, encontrou Gurdjieff em Nova York e exclamou: "Mas é ele mesmo, é Dordjieff!"

De 1910 a 1917, Gurdjieff esteve em Moscou e Petrogrado, onde pela primeira vez se tornou figura pública, trabalhando diligentemente como compositor e professor polêmico de numerosos alunos. Pouco antes da eclosão da Revolução Russa, deixou o país e cruzou o Cáucaso até Tíflis, de onde se deslocou de cidade em cidade para o oeste, executando diversos ofícios, mas sempre ensinando e investigando.

Em 1922, transferiu-se de Berlim para a França e fundou, no Château du Prieure, o Instituto para o Desenvolvimento Harmonioso do Homem. Conquistando fama crescente graças a seu trabalho espiritual pioneiro, em 1924 ele visitou os Estados Unidos pela primeira vez, dando demonstrações públicas de danças sagradas com seus alunos, palestras em hotéis de Nova York e Chicago, e prosseguindo na tarefa incessante de ensinar e promover celebrações que duravam a noite inteira.

Quando regressou à França, retomou as aulas no instituto (tinha mais de cem alunos), mas sofreu um grave acidente de automóvel que o impediu temporariamente de continuar lecionando. Assim, escreveu diversos livros, como *Encontros com Homens Notáveis*; *Beelzebub's Tales to His Grandson*; *Views from the Real World*; *The Herald of Coming Good* e *Life is Real Only Then*. Os escritos de Gurdjieff são intrigantes e, felizmente, suas lições nos foram esclarecidas em obras de seus seguidores, principalmente P. D. Ouspensky (grafado às vezes como Uspenskii), G. I. Bennett, Maurice Nicolle e Robert Earl Burton.

Gurdjieff passou a Segunda Guerra Mundial em Paris, onde tentou continuar dando tranqüilamente suas aulas e levar a vida festiva de sempre, sem se envolver com as mazelas do conflito. Certa feita, decidiu viajar para um mosteiro da Alemanha a fim de examinar detidamente um manuscrito antigo; e, acompanhado por dezenas de adeptos, simplesmente atravessou as linhas alemãs à noite. Relatórios de primeira-mão informam que os soldados baixaram as armas e limitaram-se a observar: nenhum dos camaradas de Gurdjieff foi abordado ou molestado, nem na ida nem na volta, alguns dias depois.

Outros relatos (fantasiosos ou não) falam-nos de uma vida sem inibições, medos ou deferência para com as normas da sociedade. Gurdjieff gastava montanhas de dinheiro e ainda assim sempre parecia ter mais. Não raro pagava contas de hotel e restaurante para chusmas de seguidores, cozinhava para eles e dava gorjetas polpudas. Ele próprio, no entanto, pouco se importava em levar uma vida luxuosa. Gurdjieff era assim.

Lembrança de Si Mesmo

Descrevi Gurdjieff como um homem pitoresco, brincalhão, extrovertido e aventureiro; e ele de fato era assim. Mas era também um severo instrutor do "Trabalho", como o chamava, e guiava os discípulos com mão de ferro rumo ao próprio despertar. Se você quiser mergulhar nos ensinamentos de Gurdjieff, deverá reservar um tempo considerável (mas bem-empregado) para ler livros como o monumental *In Search of the Miraculous: Fragments of na Unknown Teaching*[2], de Ouspensky, e o texto sobre meditação de Robert Earl Burton intitulado *Self-Remembering*. Nosso propósito, aqui, é aprender a técnica de meditação que jaz no âmago dos preceitos de Gurdjieff.

2. *Fragmentos de um Ensinamento Desconhecido — Em Busca do Milagroso*, Editora Pensamento, São Paulo, 1982.

Neste momento, você está sentado, lendo este livro. Aprendeu a permanecer mais ou menos consciente de sua respiração enquanto lê. Aprendeu também a expandir a percepção para incluir seu corpo inteiro aqui e agora. Vai se aperfeiçoando cada vez mais na técnica de adquirir consciência de todos os dados perceptivos que pululam dentro e fora de você, os quais o prendem à imediaticidade do momento atual. Já começou a dominar a capacidade de escolher para onde voltará o foco de sua atenção. Está descobrindo maneiras de sentir o coração, de amar a si mesmo e aos semelhantes sem juízos críticos, bem como de abrir o coração e a mente para o influxo do amor e da visão espirituais.

Enquanto você direciona a mente para experimentar percepções gratificantes, a sexta expansão desafia-o aos poucos a atentar também, pelo menos em parte, na direção oposta — a olhar para dentro e captar diretamente sua própria fonte. Observando a fonte íntima e transcendente de sua percepção pessoal, você estará, com naturalidade e sem esforço, olhando diretamente para seu eu superior.

Quem é você? Segundo Gurdjieff, você é um conhecedor: busca e adquire conhecimento por meio dos sentidos. É um sujeito que, constantemente, volta a atenção para um objeto qualquer. Eis o ato de percepção — você, no papel de conhecedor, atentando para o que está sendo conhecido.

Em geral, sua percepção inclui apenas aquilo em que você está concentrado. O conhecedor tem consciência do conhecido — os dados perceptivos originários de uma realidade exterior que se quer dominar melhor por intermédio da percepção. Quando você não está consciente da respiração, por exemplo, só tomará conhecimento dela se prestar atenção a esse fenômeno sensorial. Boa parte da meditação tradicional está contida nesse ato de manter a atenção "não-dividida" num objeto ou acontecimento interno ou externo, seja ele a respiração, o fluxo de idéias, a presença total do corpo, estas palavras, uma vela ou um crepúsculo.

Gurdjieff desafia você a utilizar apenas parte da atenção para ficar consciente daquilo em que está concentrado, reservando a outra para conscientizar-se exatamente na direção oposta: enfocar o conhecedor, que é você mesmo.

Isso pode soar óbvio e mesmo banal. Mas, como explica Robert Earl Burton, "Em meu longo convívio com esse sistema, uma das observações mais intrigantes foi a de que é preciso ensinar uma pessoa a lembrar-se de si mesma. Parece óbvio demais. No entanto, quantas vezes por dia essa pessoa se lembra de si mesma?" O ato de voltar parte da atenção para a fonte interior pode parecer simples; contudo, por uma série de razões, nós hesitamos — ou nos esquecemos de olhar para dentro.

Consegue você voltar a atenção diretamente para o Deus interior? Permanece consciente de si mesmo ao longo do dia? Pode, neste exato instante, observar a fonte íntima de sua percepção e focalizar seu verdadeiro eu? Ou haverá algum sistema implícito que o impede de fazer isso?

Caso exista semelhante impedimento, de onde vem ele? Será válido? De que modo você poderia superar a inibição a fim de contemplar-se espiritualmente face a face, lembrando-se de quem é?

Pare e Experimente

Esta parece ser uma boa ocasião para fazer uma pausa ... conscientizar-se do ato de respirar ... e, ao mesmo tempo, olhar para dentro com parte de sua atenção. Contemplando diretamente a fonte da percepção, procure lembrar-se de quem realmente é ... olhe com essa "atenção dividida" e surpreenda, em plena ação, a mente que olha. Expanda a percepção a fim de incluir tanto o observador quanto a coisa observada ... ao mesmo tempo.

O Reconhecimento do Conhecedor

Um mestre espiritual chamado Osho, outrora conhecido como Bhagwan Rajneesh, muitas vezes escreveu e ensinou com brilho a respeito da lembrança de si mesmo. Em *The Book of Secrets*, diz ele:

> Todas as técnicas de meditação destinam-se a revelar o conhecedor. Jamais se esqueça de você mesmo e se perca no objeto. Lembre-se do sujeito... e então um milagre acontecerá: tornando-se consciente tanto do conhecido quanto do conhecedor, você de repente se transforma numa terceira entidade: uma testemunha. Um eu capaz de testemunhar entra em cena. O conhecedor é a sua mente, o conhecido é o mundo — e você passa a ser um terceiro ponto, uma consciência, um eu-testemunha.

A idéia de que você pode se transformar numa testemunha de sua própria vida é muitíssimo importante para o nosso programa de meditação. Nas expansões anteriores dos *Sete Mestres*, você aprendeu a deixar de perder-se habitualmente em pensamentos a respeito do passado e do futuro para concentrar-se nas experiências do momento atual: a respiração, os batimentos cardíacos, os sons e as imagens que o cercam. Passou a atentar para o conhecido, o objeto, o mundo situado fora ou dentro do seu corpo e os pensamentos que cruzam a sua mente.

Agora você está aprendendo, graças à atenção dividida, a observar também o conhecedor, o sujeito, o eu que percebe. No próprio ato de conscientizar-se ao mesmo tempo do observador e da coisa observada, um terceiro ponto passa imediatamente a existir — a consciência espiritual ampliada e desprendida que vivencia tanto o conhecido quanto o conhecedor simultaneamente, os quais se eternizam então, juntos, no presente.

O que mais impressiona na sexta expansão é que, quando você aprende a assumir o ponto de vista da testemunha, unifica sua percepção pessoal com uma consciência que não está dentro de você, mas é inteiramente transcendental... identificada com a Consciência Superior. Muitos mestres espirituais costumam apontar, ainda que um tanto vagamente, nessa direção. O que Gurdjieff fez foi identificar, de modo específico, essa expansão final de consciência e indicar o caminho para chegar diretamente a ela.

Pare e Reflita

Reserve agora algum tempo para relaxar a mente ... sintonize-se com o seu coração e a sua respiração ... reflita em tudo quanto exploramos até aqui... observe quais idéias lhe acodem naturalmente, enquanto contempla sua própria capacidade de distanciar-se do ato de percepção o bastante para tomar consciência também daquele que percebe ... e, nesse ato, tornar-se igualmente a testemunha de sua experiência ...

Atenção Dividida

Sejamos os mais pragmáticos possível. O que realmente significa, qual é a experiência mental de dividir a atenção em duas direções, uma para fora, outra para dentro, ao mesmo tempo? Aqui você encontrará o modo mais simples de viver diretamente o que é a lembrança de si mesmo, graças a uma experiência de percepção bem precisa. Depois de aprendê-la, repita-a algumas vezes. Em seguida, poderemos explorá-la mais a fundo durante a meditação orientada ao final do capítulo.

1. Sente-se tranqüilamente e volte a atenção visual para alguma coisa existente no recinto, um objeto que você possa observar à vontade por alguns minutos. Apenas olhe e absorva esse dado perceptivo — ele é o "objeto" do experimento.
2. Consciente do objeto que você procura conhecer visualmente, comece também a observar a consciência que está dirigindo a atenção para o objeto e dele recebendo informação. Em suma, torne-se consciente do observador no ato de observar...
3. Enquanto percebe o objeto observado tanto quanto a consciência para ele direcionada, amplie a percepção a fim de incluir a consciência superior, a testemunha espiritual desprendida da relação sujeito-objeto.

O processo de olhar para dentro a fim de conhecer o conhecedor do objeto observado é, sem dúvida, uma expansão sutil da consciência. E é também uma das expansões que os seres humanos vêm explorando há mais tempo. Como escreveu Gurdjieff em *Views from the Real World*, "Até que um homem descubra a si próprio, não conseguirá ver. Por isso, lembre-se de você mesmo sempre e em toda parte. As palavras de Sócrates 'Conhece-te a ti mesmo' são claras para quem quer que busque o verdadeiro conhecimento e o verdadeiro ser".

Jesus se expressou de modo semelhante: "Conheceis a verdade e a verdade vos libertará". Como vimos, a verdade a respeito da qual ele falava é, com toda certeza, a de que nossos hábitos mentais determinam nossa experiência, desde que aprendamos a nos distanciar e a observar a profunda verdade espiritual de quem somos para além da dualidade implícita em nossa percepção mental sujeito-objeto.

Filósofos e psicólogos da percepção são unânimes ao afirmar que, em nossa maneira usual de experimentar o mundo, não existe objeto sem sujeito — nem, na verdade, sujeito sem objeto. Isso ensinaram Patanjali e Lao Tzu; isso observaram também Einstein e Heisenberg — que a experiência humana consiste numa perpétua interação entre sujeito e objeto, entre sensação e percepção, entre estímulo e resposta.

A realidade espiritual é, obviamente, uma expansão da consciência para além da realidade científica, obtida graças à capacidade de alcançarmos a consciência maior, existente fora, além e independentemente da interação sujeito-objeto. Podemos nos distanciar e observar quem observa a interação da mente com o mundo que a cerca. Eis o objetivo final da meditação — transcender a polaridade inerente ao espaço-tempo material e captar um tipo de consciência eterna, não-programada e alheia à nossa mente cognitiva biologicamente determinada.

Aqui, estamos na iminência de uma descoberta. É para onde nos leva toda meditação livre de crenças e expectativas inibidoras. Insisto: não se fiem em mim, tirem vocês mesmos a prova. Disse Gurdjieff: "Não peço que acreditem em nada sem verificá-lo pessoalmente".

Pare e Experimente

Se quiser, esqueça toda a teoria sobre a qual vimos discorrendo. Depois de ler este parágrafo, sinta-se à vontade para pôr o livro de lado e vivenciar diretamente o processo de "testemunhar". Primeiro, concentre-se em sua respiração ... expanda a consciência para incluir seu coração ... seu corpo inteiro, aqui e agora ... em seguida, procure no recinto um objeto e, com prazer e sem tensão, atente para o ato de percebê-lo. Ao mesmo tempo, expanda a percepção a fim de conscientizar-se de quem está concentrado no objeto ... e expanda-a novamente para testemunhar sua própria mente no ato de observá-lo ...

Despertar

Cada uma das sete expansões que estudamos neste livro representa um passo para além da sombra, na jornada em busca de mais luz. Progressivamente, elas o arrancarão de um estado de sono relativo e farão com que se sinta mais e mais desperto. O despertar tem sido, talvez, a metáfora dominante do mundo da meditação — estamos dormindo e precisamos acordar. Nos Evangelhos, Jesus insta repetidamente seus discípulos: "Despertai!" Dizemos, de alguém que adquiriu plena consciência espiritual, que é "um mestre desperto". Os ensinamentos de Buda estão pontilhados de conselhos do tipo: "Ele está acordado e encontra júbilo na calma da meditação, na doçura da entrega ... Seu coração vive. Busca a mais elevada consciência. Feliz a casa onde alguém desperta!"

Num sentido bastante real, enquanto não assumirmos a perspectiva da "testemunha", não estaremos espiritualmente acordados, pois não teremos consciência de quem realmente somos. Não acendemos a lâmpada da consciência para iluminar nosso ser interior e, por isso, permanecemos nas trevas ainda quando espalhamos essa luz pelo mundo inteiro.

O que esperamos de uma prática de meditação é, aos poucos, atravessar as etapas do sono e despertar para uma forma de consciência em que nossos olhos espirituais fiquem bem abertos para ver o mundo sem julgamento, negação ou medo, contemplando ao mesmo tempo nosso ser interior sem medo, negação ou julgamento.

Em *Self-Remembering*, Robert Earl Burton indaga: "Que significa o termo lembrança de si mesmo? Significa que nosso ser adormecido está se lembrando de acordar". O ato de reconhecer quem realmente somos não parece ser um reflexo programado da nossa natureza animal. Ao contrário, a consciência adulta , segundo Gurdjieff, tem de decidir dar o salto e percorrer as etapas mentais necessárias para passar do entorpecimento à vigília.

Burton salienta também que "uma das dificuldades do despertar é o fato de estarmos cercados por bilhões de pessoas que dormem". Esse comentário não é uma crítica e sim uma observação psicológica simples. A grande maioria dos homens acha que seu estado de consciência cotidiano é o único que existe.

Sem dúvida, todos somos abençoados com vislumbres momentâneos de compreensão, lampejos fugidios de um estado de consciência transcendente. Ao contemplar um crepúsculo, admirar um arco-íris ou fazer amor, uma súbita fagulha ilumina nosso ser superior, experiência que, na verdade, pode atiçar a vontade de permanecer para sempre nesse estado. Mas logo regredimos ao comportamento programado e à condição perceptiva na qual apenas em parte estamos conscientes do mundo exterior, da coisa percebida. Não optamos por disciplinar-nos a fim de tomar consciência de quem percebe — a fim de testemunhar todo o fenômeno sujeito-objeto da percepção humana a partir de uma consciência maior, fundida com a Testemunha Universal.

Pare e Reflita

Dizem os mestres espirituais que quase todos estamos adormecidos. Você concorda com isso? Costuma ficar entorpecido espiritualmente, sem nunca reconhecer a luz de sua consciência interior ao longo do dia? O que você pensa da noção segundo a qual poderia avançar para um estado mais desperto de consciência?

Inércia Espiritual

Até aqui, tenho guiado você ao longo do caminho da meditação sem esforço. Chegamos agora ao ponto em que precisamos falar sobre a inércia espiritual e o desafio de superar nossos hábitos de consciência usualmente letárgicos. Sim, não podemos forçar o despertar. Não podemos "exigir" de nosso ego que acorde para uma realidade superior. Podemos apenas nos tornar mais conscientes do momento presente e, graças a essa lucidez, despertar.

Ao mesmo tempo, não é por coincidência que pelo menos três grandes mestres espirituais contemporâneos, Gurdjieff, Krishnamurti e Byron Katie, dão ao seu processo de meditação espiritual o nome de "Trabalho". Robert Earl Burton insiste no tema do esforço, dizendo enfaticamente a seus alunos: "O principal é que vocês se esforcem para se lembrar de si mesmos, pois sem esse empenho nada mais terá valor. Eis a base de tudo".

No caminho espiritual, muitas vezes encontramos paradoxos como esses. Fazer esforço para aguçar a percepção espiritual é inútil: não podemos obrigar a consciência a se expandir. No entanto, se estivermos adormecidos e presos à inércia dos hábitos mentais limitados, devemos nos esforçar para sair dessa inércia e acordar.

Estou certo de que você já descobriu que isso é verdade. Às vezes, chegada a hora da meditação diária, você se pilha elaborando toda espécie de desculpas para evitá-la e não faz o esforço necessário para disciplinar a mente e o corpo a fim de dar os primeiros passos do processo meditativo. Com freqüência, se não recorrer a um pouco de disciplina, você simplesmente não conseguirá meditar. Você precisa, portanto, fazer um esforço para superar a inércia emocional e mental caso queira mesmo mergulhar no fluxo da meditação. Por meio da disciplina, você empreende apenas o esforço mental suficiente para dirigir a atenção em direções meditativas que valham a pena. Depois, lançado o barco da meditação, você se descontrai e vaga mansamente no fluxo da experiência.

Mesmo depois de acionar a alavanca do processo de meditação, notamos que em certas ocasiões nossa mente se esgueira para fora do estado de concentração e passa a envolver-se com emoções ou pensamentos aleatórios. Quando isso lhe acontece, você de novo se esforça mentalmente para obrigar a atenção a refluir ao ponto onde a deseja. É fácil perder-se numa inconsciência relativa. Mas, se quisermos despertar espiritualmente e descobrir quem de fato somos para além do eu condicionado, Robert Earl Burton estará absolutamente certo: "O principal é que vocês se esforcem para se lembrar de si mesmos".

Minha intenção com o programa de meditação dos *Sete Mestres* é proporcionar ao leitor uma estrutura e um processo que pareçam quase não exigir esforço nenhum, porquanto a meditação segue as expansões espirituais lógicas da mente humana passo a passo, rumo a uma vida mais desperta. Mas superar a inércia inicial é ainda necessário às vezes.

Não raro, a resistência que bloqueia a marcha para a meditação é causada por certas crenças quanto ao objetivo dessa prática. Se você acha que terá de fazer um esforço tremendo para, em meio a súbitos lampejos, alcançar a iluminação, é claro que resistirá a empenhar-se nesse caminho.

Permita-me, pois, esclarecer novamente: não pretendo ensinar-lhe um processo desgastante de avançar para um futuro e radical "despertar repentino", como fizeram alguns mestres. Sim, você teria muito mais experiências de despertar súbito durante a meditação; porém, meu programa não almeja empurrá-lo para uma iluminação total e definitiva.

Exceto no começo de minhas investigações meditativas, jamais me interessei por uma iluminação súbita e total. Não faz sentido para mim a possibilidade de passar de uma inconsciência espiritual completa para um revérbero espiritual absoluto. Ao contrário, exploramos neste livro aquilo que Stephen Levine promete no título de seu maravilhoso livro, *A Gradual Awakening*. Você vivenciará sem dúvida lampejos coruscantes de lucidez e expansão ao longo do caminho. Mas terá de vigiar a tendência de seu ego a conservar o comando e sentir-se espiritualmente superior. É necessário um ato de julgamento por parte do ego para decidir se a iluminação foi alcançada — e tão logo praticamos esse ato, perdemos por definição a condição iluminada.

Como bem diz o ditado, "Quem sabe não conta e quem conta não sabe". A humildade é muito importante no caminho do espírito porque, mal nos sobrevém a clara noção de nossa grandeza espiritual, sobretudo em comparação com os outros, o ego já assumiu o controle e nós voltamos ao ponto de partida.

Mais vale renunciar a esses joguinhos espirituais egoístas e fazer apenas o esforço necessário para concentrar suavemente a atenção em nossa natureza interior já desperta — simplesmente por amarmos a nós mesmos e querermos conhecer a verdade de quem somos. Lembre-se sempre de que você já está aqui... e já é um todo.

Pare e Reflita

Faça uma pausa de alguns instantes para refletir sobre seus próprios sentimentos com respeito ao esforço necessário à meditação ... à opção de lembrar quem você realmente é. Você sente, bem no fundo, a ânsia de despertar? Está pronto para simplesmente mergulhar em si mesmo a fim de contemplar a Fonte Absoluta e o Ser Criativo?

Você é... Consciência

A meditação é muitas vezes definida como o processo mediante o qual nós acabamos por saber quem de fato somos. Transcendendo as lembranças do que você fez, a auto-imagem que cultiva (quem você deveria ser ou quem imagina que é), todas as idéias e conceitos sobre sua identidade pessoal, você simplesmente começa a vislumbrar a verdade da substância íntima de seu ser.

Stephen Levine salienta que "um sinônimo de meditação é percepção. Meditar é perceber ... e a base da prática consiste em participar diretamente de cada momento à medida que ele ocorre, com o máximo de lucidez e compreensão possível".

Nossa mente, centrada no ego, age regularmente com base em seus hábitos programados de tentar nos arrastar para a relativa inconsciência de ficar tão apegados a nossos pensamentos e ações, desejos e medos, que perdemos a noção clara do que está acontecendo — e, assim, tendemos a adormecer espiritualmente. Só o empenho constante em optar por expandir nossa consciência a fim de adquirir lucidez no momento presente impede que mergulhemos no sono.

Na sexta expansão descobrimos que, continuando a aplicar o esforço necessário para nos tornarmos mais e mais alertas no momento atual, participando de cada momento "com o máximo de lucidez e compreensão", nós naturalmente encontramos uma realidade que propicia uma experiência qualitativamente nova: não mais nos identificamos com o nível sujeito-objeto da vida, mas tomamos conhecimento da fonte da consciência em si.

O fator-chave que nos possibilita obter essa expansão rumo à consciência pura parece ser a renúncia a toda espécie de escolha, ou seja, todo apego a resultados. Vimos que, em expansões anteriores, temos de escolher olhar para dentro e para mais longe. Mas, uma vez no processo de observação, precisamos renunciar até a essa escolha — a fim de nos tornarmos, simplesmente, uma consciência pura, desprendida. Eis o estado de consciência que nos permite, de fato, transcender.

Aprendemos que nosso ego se alicerça no processo contínuo de escolher uma coisa em detrimento de outra, isto em vez daquilo, o que é melhor e o que deve ser evitado. Enquanto contemplarmos o mundo à nossa volta a partir desse ponto de vista crítico, estaremos de um modo relativamente inconsciente presos ao estado de desejo e opção, característico do ego. A última escolha que fazemos a cada sessão de meditação, na quinta expansão, é abrirmo-nos para que o influxo espiritual, cuja origem se situa além do ego, inunde nosso ser.

Tão logo praticamos esse ato final positivo em termos de ego, com base no desejo de mergulhar em Deus e ser subjugados pelo Espírito, renunciamos e submetemo-nos ao que está acontecendo no momento presente, sem de nenhum modo tentar manipulá-lo. Graças a essa renúncia final a todas as escolhas e todos os rumos ditados pelo ego, adquirimos a capacidade de expandir a consciência a fim de incluir o todo de uma só vez — interior e exterior, estímulo e resposta. Assim fazendo, tornamo-nos partícipes espontâneos do momento atual, embora permanecendo testemunhas absolutamente isentas da perfeita criação de Deus.

Depois de meditar ao longo das cinco primeiras expansões, você achará que a sexta realmente não exige esforço. Decorridas algumas semanas de treinamento, a afirmação da expansão “Sei quem eu sou” dirigirá naturalmente sua atenção tanto para dentro quanto para fora, de sorte que você poderá testemunhar a verdade de sua própria identidade espiritual.

“Sei quem eu sou.” Com essas palavras em mente, você não está declarando que já se conhece inteiramente. No processo do despertar gradual, repetimos essas palavras a fim de dirigir a atenção, regularmente, para a fonte de tal conhecimento.

Em certo nível, você já sabe quem é, sendo a meditação o processo por meio do qual você vai despertando cada vez mais para aquilo que conhece. Justamente neste ponto da expansão, você entra em contato direto com a constatação radical de que você e sua consciência pessoal são uma coisa só. Você sente que, agora e para sempre, você e Deus são uma coisa só.

A derradeira testemunha, afinal, é Deus. Como tantas vezes nos recorda a tradição indígena norte-americana, somos os olhos e os ouvidos do Criador. E quando renunciamos às escolhas, juízos, desejos e apegos, a membrana entre nossa consciência pessoal e a consciência infinita torna-se tão permeável que sentimos o estado de bem-aventurança da unicidade com todas as formas de vida.

Feito o esforço inicial de voltar a atenção para a respiração, os batimentos cardíacos, a presença integral do corpo; posto de parte o julgamento de nós mesmos e do mundo, com o coração aberto para receber o influxo divino de amor e conselho, passamos à sexta expansão dizendo "Sei quem eu sou" e descobrimos que nenhum esforço é necessário. A lembrança de si mesmo, por si só, sintoniza nossa consciência com aquilo que somos realmente. E esse ato é executado pela simples lembrança de dizer: "Sei quem eu sou".

Sob essa luz positiva, as palavras "Sei quem eu sou" transformam-se num mantra de celebração... no reconhecimento verbal de termos despertado para o nosso verdadeiro eu infinito.

Lembre-se de Si Mesmo

Antes de passar para a sessão orientada de lembrança de si mesmo, eu gostaria de apresentar alguns conceitos da tradição gurdjieffiana que muito o ajudarão no processo. Se quiser, você pode fazer, agora ou mais tarde, uma pausa para refletir sobre cada uma delas.

- A meditação consiste em procurar a total compreensão de você mesmo — uma visão direta de quem você é no momento presente, sem a interferência de imagens, experiências ou idéias.

- Lembre-se de que você é o observador, não a coisa observada.
- Não há milagre maior do que estar consciente no momento atual. Tudo começa e acaba por aí.
- A lembrança de si mesmo é uma tarefa que exige dezoito horas diárias. Não se pode compreendê-la em trinta minutos. Você vai querer viver esse processo a cada instante de seu dia.
- A capacidade dos seres humanos de olhar para dentro e evocar diretamente quem são é o grande mistério da vida orgânica na terra.
- Você não poderá estar presente no ponto de chegada se não esteve presente no caminho. Faça, pois, tudo o que puder para estar presente — agora.
- A vida só é real quando você é. E você só é real quando está desperto para a sua própria presença interior.
- Não tente transformar o presente naquilo que ele não é. Submeta-se a ele, vivencie-o, aceite-o em seus próprios termos irrefutáveis.
- Não somos nem o que percebe nem o que é percebido — somos a testemunha que tem a percepção. A lembrança de si mesmo não é uma sensação. Disse William Blake: “Vejo através de meus olhos, não com eles”.
- Observe sua contemplação, seu testemunho. Isso é ilimitado. Não tem começo nem fim. É informe, eterno, infinito... é você!
- No final, nada fica entre você e a lembrança de si mesmo, a não ser você mesmo.

Lembrança de si mesmo: Meditação Orientada 6

Coloque-se à vontade, sentado na posição que preferir ... faça os movimentos que quiser ... e lentamente volte a atenção para o ar que entra e sai por suas narinas ou boca. Expanda a consciência a fim de incluir os movimentos provocados pela respiração em seu peito e abdome... diga a si mesmo "Estou respirando livremente ..."

Ao mesmo tempo, tome consciência do seu coração no ato de respirar ... do seu corpo inteiro, aqui e agora ... dos seus pés ... das suas mãos ... do seu rosto ... de todo o seu ser. Atente para os sons à sua volta ... e diga para si mesmo "Minha mente está serena..."

Expanda a consciência a fim de incluir o mundo circundante ... o recinto onde você se encontra ... a casa ou edifício ... seus familiares ... sua comunidade ... seus colegas de trabalho ... as pessoas que estão no trânsito ... todos e tudo o que estejam fazendo no momento ... o mundo tal qual é agora ... a criação perfeita de Deus ... e diga para si mesmo "Eu aceito o mundo tal como ele é..."

Atento ao coração, observe como você se sente a respeito de si próprio ... se está de coração leve ou pesado ... contraído ou expandido ... se está se julgando por algo que precisa ser perdoado ... deixe que o amor flua ... e diga para si mesmo "Eu me amo assim como sou..."

Conscientize-se da respiração ... do coração ... de toda a sua presença corporal ... e comece a determinar o ponto em que sua bolha pessoal de percepção se encontra com a presença amorosa de Deus ... sintonize-se com os problemas e anseios emocionais que agora o perturbam ... apenas deixe que eles fiquem aí ... e abra o coração enquanto repete algumas vezes "Meu coração está pronto ... para receber ... a cura de Deus..."

Você está consciente da sua respiração ... de todas as variadas sensações que lhe vêm de fora e de dentro de seu corpo ... você está consciente do mundo exterior. Ao mesmo tempo, como parte de sua percepção, olhe na direção oposta, para dentro ... para a fonte de sua percepção ... e, sem fazer esforço nenhum, apenas cientifique-se tanto do que percebe momento a momento quanto de quem está percebendo ...

Se quiser, abra lentamente os olhos ... continue respirando ... e observe o recinto à sua volta ao mesmo tempo que se dá conta de quem observa.

Fixe um objeto qualquer no recinto por alguns instantes ... respire ... repare bem no objeto ... e, concomitantemente, olhe para dentro, para a fonte da percepção ... conscientize-se de quem está olhando o objeto e do próprio objeto ...

Enquanto olha para dentro, para o âmago do seu ser, repita para si mesmo algumas vezes "Sei quem eu sou..."

Continue observando o recinto ... continue ouvindo os sons à sua volta ... continue atento à respiração e a todas as outras impressões sensoriais ... conscientize-se também de que a consciência do universo está agindo através de seus olhos ... você atua como os olhos e os ouvidos de Deus ... você é uma consciência pura, que existe para além de seu sistema de percepção física ... você é a testemunha ...

Olhe ... e lembre-se de quem é ... olhe ... e veja ...

"Sei quem eu sou ..."

Aprofunde ainda mais a meditação ...

CAPÍTULO 7

A Experiência da Bem-aventurança – Krishnamurti

Iniciei este livro falando do caminho meditativo espontâneo de meu avô e dos ensinamentos de outro sábio do vale de Ojai. Parece agora conveniente encerrar nosso estudo da meditação no ponto em que começamos, enfocando a extrema simplicidade (mas também a amplitude radical) da visão de meditação e da busca espiritual desse sábio.

Krishnamurti foi sem dúvida o mestre de meditação mais radical que conheci — pois recusava-se a ensinar qualquer método particular. Ao contrário, apresentava os parâmetros psicológicos e espirituais da experiência de meditação de um modo tal que tínhamos de descobrir por nós mesmos como a mente entrava em estado meditativo.

O objetivo de Krishnamurti era estimular seus discípulos a abrir o coração e a mente para uma duradoura pesquisa do que significa estar consciente do momento atual. Em todas as suas lições, ele ressaltava sempre a absoluta singeleza do caminho espiritual depois que se põe de lado a tagarelice perturbadora da mente crítica. Ele era um mestre que empregava palavras para conduzir os ouvintes além das palavras — a um processo inefável, mas bastante óbvio, de olhar diretamente com os próprios olhos para o cerne da questão.

Em resultado de sua ênfase na simplicidade do despertar espiritual e na disciplina exigida para obter essa simplicidade, algumas pessoas achavam Krishnamurti um tanto decepcionante, intelectualmente obtuso e mesmo cabeçudo, às vezes. Ele deixou muita gente religiosa perplexa ao instar as pessoas a esquecer todas as crenças a fim de encontrar a verdadeira divindade na vida. Mas ele foi fiel a si mesmo durante sua existência inteira, ensinando o que sabia ser verdadeiro a quem tinha ouvidos para ouvir — e, no fim, multidões afluíam às suas reuniões nos Estados Unidos, na Europa e na Índia.

Com firmeza, Krishnamurti impediu que seus seguidores o transformassem num guru da moda ou num mestre espiritual, ainda que falasse no tom próprio de um ser humano desperto. No leito de morte, com a idade provecta de 92 anos, ele proferiu estas palavras memoráveis: "Por favor, esqueçam-se do mestre... lembrem-se dos ensinamentos". Não obstante, muitos ainda o têm na conta de um homem altamente espiritualizado.

Messias a Contragosto

Quem foi esse homem a quem centenas de milhares de pessoas, e provavelmente milhões, consideram o maior mestre espiritual da época contemporânea? Garoto na Índia durante a primeira década do século XX, ele foi identificado como o veículo vivo para a encarnação do próximo messias mundial, destinado a conduzir todos os seres humanos a uma era espiritual, radicalmente nova, de paz e despertar. Fiando-se nessa previsão, os líderes do movimento teosófico retiraram-no da casa paterna na Índia e prontamente o adotaram. Ao longo do primeiro quartel do século XX, Krishnamurti e seu irmão se viram mergulhados na vida cultural e na educação, primeiro européias, depois norte-americanas — quer gostassem disso ou não.

Rapaz tranqüilo, extremamente belo e às vezes retraído, Krishnamurti aceitou a existência geral que lhe era oferecida, mas nada disse sobre o que pensava de sua identidade espiritual e logo se recusou a estudar a fundo os antigos ensinamentos da tradição religiosa mundial. Por fim, jovem nada desejoso de arcar com o papel de messias que lhe tinham lançado aos ombros, negou publicamente a identidade imposta de salvador do mundo e declarou-se um homem igual a qualquer outro. Sua única qualidade especial, explicou ele, era estar absolutamente determinado a investigar com grande paixão e honestidade a verdade final sobre a consciência e a vida humana.

Uma vez que nasci e fui criado no mesmo vale em que Krishnamurti costumava passar seis meses por ano durante boa parte da vida adulta, desde a mais remota infância eu ouvia o som de sua voz discorrendo, com inconfundível sotaque inglês, ora calmamente, ora com intensa paixão tanto em pequenas reuniões quanto nas palestras formais que proferia nos bosques de carvalho de Ojai. Às vezes falava ao público num tom suave, às vezes com mais entusiasmo, outras mesmo com certa impaciência quando procurava achar as palavras certas, capazes de induzir os ouvintes a compreender quem de fato eram, como suas mentes funcionavam realmente e o que, afinal, vinha a ser o processo meditativo.

Quase sempre, nessas reuniões públicas, o perfume do ar de Ojai era delicioso, a temperatura ideal, o ambiente calmo e receptivo. Quando eu era muito jovem, cerca de cinqüenta a cem pessoas compareciam às palestras de Krishnamurti, mas o número foi crescendo com os anos. Ele começava a falar sentado tranqüilamente em sua cadeira de espaldar reto, na frente do grupo, depois de esperar sem pressa que as pessoas se aquietassem e se dispusessem a ouvir. Fechava então os olhos, sentia o momento presente com a máxima concentração, espiava a platéia acomodada à sua volta em almofadas e tapetes, sintonizava-se com ela intensamente — e, por fim, no silêncio que se instalava, dizia-lhes com grande paixão palavras como estas:

> Eu gostaria de perguntar-lhes hoje: vocês conseguem olhar para si mesmos sem os olhos do passado? Conseguem se ver em ação, isto é, no relacionamento uns com os outros, sem que nenhum pensamento lhes atravesse a mente? Quando não há passado, sobrevém a bem-aventurança do momento presente. Serão vocês capazes de esquecer todos os pensamentos, aquietar a mente e tentar descobrir a verdade do agora — para, assim, conhecer-se a si mesmos diretamente?

Muitas das pessoas que iam ouvir Krishnamurti certamente queriam mergulhar fundo nesse estado de profunda lucidez da mente e do coração. E muitas por certo o conseguiram. Entretanto, a julgar pelas perguntas e comentários suscitados ao término de cada palestra, poucas pareciam capazes de dar esse passo. Embora ele lograsse exprimir sua visão do despertar espiritual com clareza e brilho, o verdadeiro processo escapava à maioria dos ouvintes.

De seu lado, Krishnamurti recusava-se terminantemente a ensinar qualquer método concreto de meditação para ajudar seus seguidores a vencer o desafio espiritual que lhes propunha. Na verdade, mostrava-se impaciente e severo para com todas as técnicas de meditação estabelecidas, com gurus populares e com lições de meditação das várias religiões mundiais. Considerava os métodos e ensinamentos antigos um obstáculo ao despertar espiritual. Ele insistia, muito ao contrário, para que descartássemos o condicionamento cultural, esquecêssemos o que pensamos saber a respeito de experiências passadas e olhássemos diretamente para o momento atual a fim de descobrir como nossa mente funciona e quem de fato somos.

"A verdadeira meditação", dizia, "é um modo de pôr de parte tudo o que o homem concebeu sobre si mesmo e sobre o mundo. Desse modo, ele descobrirá um tipo de mente completamente diferente."

Quando Krishnamurti era questionado especificamente sobre meditação, em geral replicava com palavras concisas e ao mesmo tempo misteriosas, do tipo: "Meditação quer dizer consciência tanto do mundo quanto do movimento total do ser. Meditar é ver exatamente aquilo que é, sem nenhuma escolha, sem nenhuma distorção, sem nenhum pensamento".

Assim como meus próprios filhos agora parecem aceitar sem discussão os desafios espirituais e as idéias que com tanto empenho me esforcei para compreender na juventude, assim me lembro de ter absorvido o que Krishnamurti dizia... sobretudo por osmose. Tinha por pacífico que aquilo que ele falava era verdadeiro. Se instava seu público de Ojai: "Olhem aquela árvore ... ignorem seus pensamentos a respeito dela e apenas vejam-na!", eu logo obedecia, sem jamais perceber que a maioria dos adultos à minha volta achava bem difícil contemplar uma árvore sem pensar nela.

Na Presença de Krishnamurti

Várias vezes, enquanto crescia, tive oportunidade de estar no mesmo espaço que Krishnamurti, em reuniões locais informais, e umas poucas em sua casa localizada no meio de um laranjal, a leste da cidade. Para ser franco, impressionava-me mais sua delicadeza para com um garotinho do que suas conversações adultas cheias de erudição. Ele tinha cerca de 50 anos e eu, 10. Contaram-me que jamais tivera filhos, nem sequer se casara, mas parecia feliz em companhia de crianças. Às vezes preferia sair conosco para alimentar as galinhas e a vaca leiteira do que continuar conversando seriamente com os adultos. Hoje, quando penso nele, lembro-me da alegria fácil em seus olhos quando estávamos ao ar livre, passeando sem cuidados.

Uma vez que havíamos nos avistado algumas vezes em Ojai, nos meus verdes anos, ele me reconheceu pelo nome quando, tempos depois, encontrei-o na Europa. Parecia então uma criatura muito solitária, embora pelo fim da vida se soubesse que vivera intimamente com uma grande amiga e parceira sexual por mais de vinte anos. Isso de certa forma perturbou alguns de seus seguidores, que o acreditavam celibatário convicto. Não raro foi criticado também por mostrar-se impaciente com certos seguidores que pareciam beber cada uma de suas palavras, palestra após palestra, sem realmente captar o sentido espiritual que ele procurava transmitir. Obviamente, tinha sua própria quota de desafios emocionais. Sua infância fora difícil e solitária; mesmo mais tarde, parecia às vezes triste e vulnerável aos problemas humanos, demasiadamente humanos. Enfim, era um homem complexo e extremamente misterioso, como aliás todos nós somos.

O que quer que acontecesse em sua vida particular, de público ele continuava a ser o mestre espiritual cheio de idéias radicais e desafios constantes. Tinha certeza de que cada um de nós carrega o poder inerente de experimentar vastas esferas de consciência situadas além dos confins das atitudes, críticas, conclusões e concepções corriqueiras a respeito do sentido da vida.

Já adulto, tive algumas oportunidades de conversar com ele intimamente. Ajudou-me diversas vezes, ouvindo e comentando minhas perguntas ansiosas sobre o que fazer da vida.

Suas sugestões eram sempre surpreendentes e obrigavam-me a examinar a fundo os motivos subjacentes que provocavam minhas perplexidades.

Certa feita, resolvi voltar a Ojai e descobrir se ainda podia deitar raízes novas no vale após tantos anos afastado. Morava a menos de meio quilômetro da casa de Krishnamurti e via-o freqüentemente. Ele gostava de fazer uma caminhada diária e passava por minha porta, de sorte que eu o esperava para acompanhá-lo. Nos dias ensolarados, outras pessoas iam com ele, mas quando o tempo estava ruim passeávamos praticamente sozinhos, às vezes sem falar nada durante quinze ou vinte minutos.

Agora que ele se foi, não raro ainda sinto sua presença. Sobretudo ao escrever este livro, recorri à sua branda orientação, tanto quanto à de meu avô e dos outros seis mestres. A verdade é que todos nós estamos com certeza nas mãos amáveis dos seres despertos, bastando que nos lembremos de acolhê-los e sintonizar-nos com eles.

Ver o que é

Krishnamurti advogava com empenho a necessidade de uma mente serena durante a meditação e a investigação espiritual. Já conhecemos suas recomendações básicas a respeito, como a de observar de perto a respiração e a presença total do corpo para, assim, aquietar a mente de maneira natural. Ele costumava dizer a seus seguidores: "Para ver o que de fato existe em nós mesmos e no mundo, precisamos de uma mente muito tranqüila".

Krishnamurti ensinou com bastante clareza que o ato de perceber as sensações do momento atual presta-se com extrema eficiência a aquietar a mente. Em suas palavras: "Se você observar com paixão e intensidade, a mente inevitavelmente se tranqüiliza". De igual modo, ele considerava a mudança básica que já examinamos, da postura cognitiva para a perceptiva, como o umbral de esferas de consciência que a mente pensante sequer consegue imaginar: "Meditar é ver o que existe, olhar, ouvir e transcender — eis o que acontece quando o cérebro, a mente e o corpo estão realmente serenos e em harmonia, quando a mente, o corpo e o coração são uma só coisa. É então que vivemos uma vida totalmente diversa".

Como muitos outros mestres espirituais, Krishnamurti enfatizava bastante o aprendizado de como observar os próprios pensamentos em curso e, portanto, a própria mente em ação. Recomendava não apenas contemplar os pensamentos à medida que surgem uns após outros, mas ver em conjunto, num átimo, todos os conteúdos mentais programados: "Temos de descobrir um modo de observar a mente sem analisar — um modo de observar o conteúdo inteiro da consciência sem alguém que analise".

Repetidamente, e com muitas variações, ele perguntava: "Qual é a natureza, a estrutura do juiz interior que observa? Esse observador é o passado — os antigos conhecimentos e idéias que armazenamos. O pensamento representa a resposta do passado, portanto jamais é livre — é sempre velho".

Krishnamurti trazia a seus ouvintes aquela centelha especial de consciência que vai além da idéia e busca o ato. Vivia instando as pessoas a não acreditar nele sob palavra, mas antes a olhar diretamente para sua própria experiência imediata a fim de descobrir o que é verdadeiro. Insistia em que não o tratassem como um guru ou um mestre onisciente — ao contrário, queria que o considerassem um provocador que induzia pessoas a descobrir a realidade por si mesmas.

"Descubram por constatação direta", aconselhava, "que não existe divisão entre observador e coisa observada, entre pensador e aquilo que se pensa. Dessa maneira, verão — dessa maneira observarão o que realmente existe. E quando descobrirem o que de fato existe, já o terão ultrapassado."

Como os mestres zen, Krishnamurti ressaltava que é absolutamente fútil buscar alguma coisa, apegar-se a crenças ou ansiar por determinada experiência, por mais importante que isso seja espiritualmente. Em suas próprias palavras:

> A mente tem de estar totalmente livre da exigência por experiência e da procura pela verdade. Encerrem de vez todas as buscas. Não tenham crenças de espécie alguma, não se aferrem a religiões, não reconheçam autoridades, sejam quais forem. Despojem-se por completo de todas as formas de crença, de todas as formas de medo. ... Quando se aborda essa questão extraordinária, faz-se necessária a liberdade de nada saber a seu respeito. Renunciem ao condicionamento, para que sua mente possa observar à vontade. ... Precisamos nos livrar de todas as crenças, de todos os compromissos — para nos comprometermos com a totalidade da vida, não com um de seus fragmentos. Dediquem todo o seu ser, energia, vitalidade e paixão à integridade da vida. Assim, aprenderão finalmente o que significa meditar.

Liberdade Radical

Krishnamurti era um entusiasta da liberdade interior. Certa vez, indagado sobre como devemos controlar os pensamentos para nos livrarmos do passado, explicou:

> A liberdade está no começo da meditação, não no fim. E, do começo ao fim, o importante não é controlar o pensamento, mas compreendê-lo, descobrir-lhe a origem, a fonte — que está em nós mesmos. O pensamento brota do acervo da memória. Apenas olhem e vejam — então, já serão de fato livres. Ao meditar, deve a pessoa descobrir se existe um termo para o conhecimento. Só há liberdade quando nos livramos do conhecido.

Psicólogos e filósofos tentaram muitas vezes abalar a lógica de Krishnamurti em suas palestras, esclarecendo que, na prática, jamais podemos ficar livres do conhecido, que somos por natureza animais condicionados cujos mínimos atos resultam de condicionamentos passados. Mas Krishnamurti não permitia que a racionalidade dedutiva nos impedisse de contemplar o âmago da questão. Respondia sem hesitar: "O problema real é o seguinte: pode o pensamento funcionar quando necessário e permanecer inativo em outras ocasiões? A mente precisa descobrir se as células do cérebro conseguem ficar totalmente tranqüilas e, assim, responder a uma dimensão que não conhecem".

A ênfase no fato de a mente poder permanecer inativa e, ao mesmo tempo, agudamente sensível, lúcida e suscetível está no cerne da compreensão que Krshnamurti tem da libertação psicológica e espiritual. "Vocês precisam conservar a mente serena", insistia ele, "pois só então conseguirão ver. Se a mente se põe a tagarelar e a mover-se o tempo todo, correndo de cá para lá, decerto ela não verá nem ouvirá com clareza."

Um tema que Krishnamurti abordou a vida inteira é o de que a mente pode funcionar, ou de modo fragmentado — em conseqüência de um fluxo constante de juízos e conceitos críticos que dividem a realidade em categorias —, ou como um todo, mergulhada em silêncio absoluto mas, ainda assim, com perfeita lucidez, sabedoria e receptividade ao mundo, momento a momento. "Procurem perceber a necessidade", aconselhava com freqüência, "de ter uma mente delicada e sutil que esteja absolutamente serena. Só uma mente dessas vê a totalidade da vida como movimento unitário, não fragmentado. Ela age total, e não fragmentariamente, porque faz isso a partir da tranqüilidade completa."

Ele sabia, por experiência própria, que a mente pode mesmo ficar absolutamente serena e que, na verdade, em muitos casos é melhor silenciar por completo os pensamentos a fim de perceber em vez de conceber. Em suas palavras, "A percepção direta daquilo 'que é' provoca, ela sim, uma mudança radical. Na mente serena, observa-se um movimento totalmente diverso — isto é, um movimento de dimensão e qualidade diferentes".

Krishnamurti ensinou: o que desperta o verdadeiro potencial da consciência humana é o próprio ato de olhar, ouvir e perceber o que está acontecendo ao redor e dentro de nós no momento atual.

> Vocês devem começar pelo princípio, sendo que o primeiro passo é o último na meditação: descondicionar a mente tornando-se cônscios, totalmente atentos... Deixem que esta montanha, esta árvore os absorvam completamente. Prestem atenção apaixonadamente, intensamente; olhem e escutem com acuidade. Ora, para escutar e olhar, a mente precisa estar serena: isso é meditação. Quando descobrirem o que é quietude, quando compreenderem a beleza e o amor, quando perceberem como a mente funciona e quem são vocês ... então, dessa visão direta, brotará uma extraordinária serenidade mental.

Krishnamurti explicava que, ao aquietar os pensamentos, começamos a ver com a totalidade da mente. Passando de fixações cognitivas para percepções no momento atual, provocamos uma experiência unificada. "O ato de ver é a única verdade; nada mais há. Olhem a árvore ... vejam-na por completo, com a totalidade do coração e da mente, não com um fragmento deles."

Mergulhando na visão direta e vivendo no momento atual, adentramos naturalmente as esferas infinitas da consciência — onde encontramos a bem-aventurança. "Existe uma vasta expansão mental que quase nunca abordamos ou conhecemos. A mente é imensurável. Ignoramos as características dela porque nunca observamos coisa alguma completamente, com a totalidade de nosso espírito, coração, nervos, olhos e ouvidos. Para isso, não dispomos de métodos. Devemos, pura e simplesmente, tornar sensível o campo inteiro. Nisso reside a única revolução verdadeira."

Muito simples, mas grandiosamente sublime. "Tudo o que temos a fazer é olhar. Olhar é amar. O ato de ver destrói todas as barreiras e nos põe em contato íntimo com a vida. ... O importante não é aprender, mas olhar, ouvir. Para além do olhar e do ouvir, vocês descobrirão que toda separação entre observador e coisa observada desaparece."

E o que sucede quando, graças ao despertar da consciência, toda separação desaparece? "Se puderem ver, nada mais precisarão fazer. Então a mente terá se despojado de todo o seu conteúdo, de toda sugestão, de toda probabilidade, de toda possibilidade. Estará completamente ativa — e vazia. ... Ocorre uma tremenda revolução e a ação sofre uma mudança radical. Vocês serão uma totalidade."

> Façamos agora uma pausa para permitir que a onda das palavras de Krishnamurti nos inunde ... enquanto voltamos toda a nossa atenção para o momento presente ... respirando ... ouvindo ... vendo ... sendo ...

O Fator Bem-Aventurança

Muitos mestres espirituais "sérios" evitam dizer-nos como a meditação pode nos fazer sentir bem. Alguns acham demasiado mundano ou, mesmo, egoísta e hedonista, ter por motivação importante na meditação o intento de passar do estado geral de ansiedade, preocupação, agitação, apatia e depressão para uma condição de alegria, entusiasmo, paixão e — por que não? — bem-aventurança total.

A meditação é uma ferramenta interior básica para transformar sistemas emocionais e psíquicos negativos em faróis brilhantes de compaixão, prazer, luminosidade — e da boa e velha alegria. O "Buda risonho" tem sido uma inspiração fundamental nesse sentido. Alan Watts, com todas as suas fraquezas humanas e gênio intelectual, estava sempre sintonizado com aquilo que chamava de "convoluções da grande gargalhada" quando induzia seus ouvintes a considerar a natureza jovial intrínseca da investigação espiritual e o nosso dever de mesclar devoção meditativa com alegria, bom humor e felicidade. Do mesmo modo, antigos mestres sufi como Sam Lewis eram freqüentemente atacados de risadas, êxtase, alegria e contentamento. Talvez sua qualidade característica fosse, não a seriedade em face do divino, mas um transbordamento de júbilo apaixonado por estarem vivos e conscientes neste planeta.

A experiência espontânea da bem-aventurança também se entremostra regularmente na maioria das tradições religiosas. Diversos santos da Igreja Católica se viram guindados à bem-aventurança mística, tal qual outros tantos seguidores de Buda. A bem-aventurança tem sido considerada um puro dom da graça que desce inesperadamente sobre as pessoas, explode dentro delas e depois se esfuma. De fato, não é essa uma experiência que possamos decidir gerar egoisticamente, para em seguida executar certos rituais a fim de fazê-la frutificar em nossa vida. É uma experiência que parece originar-se do nada.

Que vem a ser, pois, a bem-aventurança? E como encorajar sua presença em nosso cotidiano? Ela talvez seja mais bem definida por aquilo que não é. Não é medo. Não é apreensão. A bem-aventurança só existe na ausência de ansiedade. Além disso, não se pode chamá-la de cólera, crítica, rejeição ou recusa: nada do que é negativo lhe diz respeito.

A bem-aventurança medra na presença do amor, da compaixão, da aceitação, da confiança — de todas as coisas positivas. A bem-aventurança é a corrente do Espírito puro que se derrama em nossa vida. É o nosso estado natural, quando renunciamos a todos os pensamentos, julgamentos, contrações e crenças, além de outros fardos cognitivos, e simplesmente nos abrimos para a paixão de estar vivos, repletos da fonte absoluta da vida: o amor e a infinita alegria criativa de Deus.

Eis uma verdade psicológica: quando não há medo nenhum na mente, há abundância de alegria. De igual modo, como diz Krishnamurti, "Quando não existe passado, existe a bem-aventurança do momento presente". Se nos voltarmos de todo para as esferas perceptivas da consciência e agirmos a fim de aquietar a mente aferrada ao passado, com seus pensamentos e associações, sem dúvida suscitaremos a experiência natural da bem-aventurança no aqui e agora.

Se estruturarmos nossa meditação diária de modo a, progressivamente, nos expandirmos para além das inquietudes, relaxarmos e colocarmos de lado o futuro com suas preocupações, abrindo nosso coração para o influxo do amor e da graça curativa, naturalmente alcançaremos um ponto em que nos sentiremos plenamente vivos no momento atual — com o amor e a alegria jorrando... e a bem-aventurança florescendo.

Diz Krishnamurti: "No ato de ver, está toda a beleza. Se há beleza, há amor — e se há amor, nada mais resta a fazer. Onde você estiver, terá bem-aventurança, terá o céu".

Permita-se

Embora a bem-aventurança possa sempre fluir para a nossa vida, Deus, o Tao ou como quer que chamemos o Criador Infinito não força nada. Temos de dar a nós mesmos permissão para nos sentirmos bem e abrir nosso coração para o influxo dos bons sentimentos, se os quisermos receber. A fim de acolher a suprema alegria do despertar espiritual, precisamos baixar todas as defesas do ego e entregar-nos com toda a confiança.

Entretanto, essa entrega absoluta à pujança da paixão, às experiências e aos sentimentos desbragados tem sido tradicionalmente associada a um inaceitável abandono emocional e sexual e a toda sorte de supostos crimes da paixão. Conforme explanei longamente em *Sex and Spirit*, nossos medos entranhados com respeito ao bem-estar e ao prazer bloqueiam diretamente o despertar não apenas sexual, mas também espiritual. Muitos de nós nos encouraçamos contra a possibilidade de ceder à paixão e ao êxtase: achamos que coisas terríveis acontecerão se nosso ego perder o controle.

A bem-aventurança e a paixão encontram-se num *continuum* energético. A primeira é a dimensão passiva, a segunda é a ativa do mesmo influxo de bons sentimentos que vêm de fora da nossa bolha pessoal de identidade. Em ambos os casos, sentimo-nos inundados por uma energia que nos preenche, nos inspira, nos faz sentir maravilhosos e em união com o cosmo.

Na próxima sessão meditativa, quando você chegar a esta sétima expansão, a princípio apenas observe o que acontece em sua mente ao proferir a declaração de enfoque: "Eu estou aqui ... agora ... em bem-aventurança". Examine sem julgamento as idéias que surgirem e as imagens que lhe acorrerem quando decidir ceder à paixão e ao influxo de bons sentimentos em seu coração e corpo. No processo de captar possíveis reações que possam comprometer a bem-aventurança, você se conscientizará de seus condicionamentos referentes à consecução desse estado e, aos poucos, se despojará deles.

Krishnamurti costumava repetir que a paixão por conhecer a verdade é o ingrediente essencial para olhar diretamente e ver com clareza quem de fato somos. A paixão é a energia positiva e inspirada que move os seres humanos — e quando logramos perceber diretamente nossa natureza humana, a paixão se transforma automaticamente em... bem-aventurança.

Essa é a jornada que estamos percorrendo aqui dia após dia, expansão após expansão, enquanto atingimos o âmago da consciência por intermédio da observação de cada instante que flui. Costumamos iniciar uma sessão de meditação envolvidos com todas as preocupações emocionais e jogos do ego do dia-a-dia. Mas basta percorrermos as sete expansões da consciência para nos dispormos a um novo despertar do espírito no momento atual. No processo, vamos nos transformando gradativamente, aprendendo a fundir a alma pessoal com a Realidade Infinita. E aos poucos, em contato com a energia liberada durante a meditação, experimentamos a bem-aventurança que reside no centro de nosso ser.

Krishnamurti via nesse processo meditativo de abrir-se regularmente para a energia apaixonada e para a percepção inspirada um ato de transformação do qual nossa sociedade está precisando desesperadamente nos dias que correm:

> A menos que haja uma profunda revolução psicológica, a mera reforma na periferia terá pouquíssimo efeito. A revolução psicológica, que para mim é a única revolução viável, pode ser alcançada por intermédio do ato de meditar. E ela só pode ocorrer no interior de nós mesmos, exigindo porém abundância de energia. Meditar é liberar essa energia total.

A experiência da bem-aventurança: Meditação Orientada 7

Chegamos agora à última de nossas sete meditações orientadas. Você notará que ela inclui todas e representa o fluxo geral do programa de meditação dos *Sete Mestres*. Ao memorizar e dominar o programa, você poderá voltar a este roteiro sempre que quiser percorrer a sétima expansão completa.

Cada parágrafo, nesta expansão, equivale a uma versão compacta de uma das anteriores e guiará você na direção da frase de enfoque. O leitor verá que, depois de algumas semanas nesse processo primário orientado, terá memorizado naturalmente o fluxo geral e só precisará lembrar-se de dizer cada afirmação para passar para as meditações sucessivas. Aproveite!

> Sente-se então, confortavelmente, na posição que escolher ... faça os movimentos que quiser ... e, lentamente, volte a atenção para o ar que entra e sai por seu nariz ou boca ... expanda sua percepção a fim de incluir os movimentos provocados pela respiração no peito e no abdome ... e diga a você mesmo "Estou respirando livremente ..."
>
> Expanda a percepção a fim de incluir o coração a pulsar durante o ato respiratório ... tome consciência do corpo inteiro, aqui e agora ... dos pés ... das mãos ... do rosto ... de todo o seu ser ... e diga a você mesmo "Minha mente está serena ..."
>
> Expanda sua bolha de percepção a fim de incluir o mundo circundante ... os membros de sua família ... de sua comunidade ... os colegas de trabalho ... todos e tudo o que estiverem fazendo no momento ... o mundo tal qual é agora ... a perfeita criação de Deus ... e diga a você mesmo "Aceito o mundo tal como ele é ..."
>
> Atentando para o coração, procure descobrir como se sente com relação ao seu próprio eu ... observe se tem o coração leve ou pesado ... contraído ou dilatado ... se estiver julgando a si próprio, esqueça as críticas ... perdoe-se por tudo que precise ser perdoado ... deixe que o amor flua ... e diga a você mesmo "Eu me amo assim como sou ..."
>
> Tome consciência da respiração ... do coração ... da presença integral de seu ser ... e comece a detectar onde sua bolha pessoal de percepção se encontra com a presença amorosa e infinita de Deus ... examine as preocupações e agravos do momento ... deixe que permaneçam aí ... e submeta-se à orientação espiritual enquanto repete algumas vezes "Meu coração está pronto ... para receber ... a cura de Deus ..."

Você está consciente da sua respiração ... de todas as diferentes sensações que lhe sobrevêm agora mesmo, vindas de dentro e de fora de seu corpo. Enquanto permanece atento aos dados oriundos do mundo exterior, volte parte dessa atenção para a direção oposta, buscando a fonte íntima da consciência ... sem nenhum esforço, observe o que você percebe momento a momento e, ao mesmo tempo, quem está percebendo. Ao olhar para dentro e tornar-se uma só coisa com o âmago do seu ser, diga a si mesmo algumas vezes "Sei quem eu sou ..."

Deixe que os pensamentos transitem livremente ... ouça os sons à sua volta ... preste bem atenção ao que está acontecendo agora ... experimente tudo ao mesmo tempo ... tenha uma consciência pura ... do todo ... deixe que os pensamentos se diluam ... assim como as lembranças ... os desejos ... procure sentir-se inteiramente livre a fim de vivenciar o que realmente existe ... isto ... aqui ... agora ... observe o movimento da vida ... esteja atento ao máximo ... extraordinariamente tranqüilo ... absolutamente sensível ... total ... e repleto de amor ...

Quando há amor, nada mais resta a fazer ... onde você estiver, gozará da bem-aventurança ... abra-se para uma nova experiência ao dizer "Estou aqui ... agora ... em estado de bem-aventurança ..."

Ao som da música, aprofunde ainda mais a meditação ...

Palavras Finais

Seu Programa de Meditação Diária

Agora você está inteirado do fluxo completo das sete expansões que constituem o nosso programa dos *Sete Mestres*. Tem, pois, à mão os meios de transformar-se. Nada se interpõe entre você e uma vida inteira de exploração, descoberta e bem-aventurança interior. Permitam-me repetir as sete frases essenciais que voltam nossa atenção imediatamente para pontos que despertam a experiência profunda do ser. Você já as sabe de cor? Elas provocam uma reação e um movimento dentro de você?

"Estou respirando livremente."

"Minha mente está serena."

"Aceito o mundo tal como ele é."

"Eu me amo assim como sou."

"Meu coração está pronto para receber."

"Sei quem eu sou."

"Estou ... aqui ... agora ... em estado de bem-aventurança."

O que Fazer Agora

Com bastante freqüência, lemos rapidamente um livro de inspiração espiritual e acalentamos a esperança de transformar nossa vida de um modo maravilhoso — mas, tão logo terminamos a leitura, a paixão começa a dissipar-se. A tendência geral é fechar um livro e abrir outro imediatamente. Meu objetivo com esta nova metodologia da meditação é garantir que você ultrapasse facilmente a primeira etapa discursiva da instrução-inspiração escrita e alcance a segunda, mais profunda e gratificante, em que graças à prática espiritual diária poderá ter regularmente uma experiência direta.

Agora que você chegou ao termo deste fluxo de palavras, aconselho-o a reservar algum tempo para organizar na mente um plano diário de meditação que lhe permitirá avançar firmemente no caminho espiritual à cata de experiências e descobertas ainda mais compensadoras. Tendo em mira esse objetivo, meus colegas e eu aprimoramos uma série de sistemas de apoio à meditação que o guiarão com êxito ao longo das próximas fases de sua jornada.

Para alguns leitores, é claro, apenas o presente livro bastará e, após uma única leitura, terão absorvido o processo todo. Se for assim, ótimo! Se não, eis outras opções a explorar, depois de lerem o livro e adquirirem um senso inicial de seu próprio potencial interior para a meditação.

Esses programas foram especialmente elaborados para ampliar e aprofundar o texto de *Sete Mestres, Um Caminho*. Eles não só constituirão para você um sistema de apoio e um recurso duradouro como lhe proporcionarão acesso a uma comunidade de pessoas dedicadas à meditação que estão aprendendo e explorando o mesmo programa, o mesmo processo em que você está envolvido. Essa experiência compartilhada pode revelar-se de vital importância em sua vida espiritual.

Quatro Meditações de Durações Diferentes

Ainda que você esteja apenas começando a absorver e memorizar o processo de meditação, sem dúvida desejará praticar com regularidade a meditação dos *Sete Mestres* diariamente ou várias vezes por dia. Estas quatro meditações facultam-lhe um amplo espectro de possibilidades de integração da meditação em sua rotina diária. A princípio, você desejará decerto recorrer a orientações escritas ou faladas para percorrer as sete expansões. Mas logo descobrirá que não precisa de apoio externo para meditar.

Meditação Diária de Meia Hora

O ideal é que você reserve trinta minutos por dia, de preferência na mesma hora e lugar, para ser orientado ou orientar-se ao longo de todo o processo de meditação dos *Sete Mestres*. Na sessão de meia hora, você despende três minutos a mais para cada expansão (cerca de vinte respirações concentradas por expansão). Alcançada a sétima expansão, você pode meditar tranqüilamente sem necessidade de ajuda e, a cada vez, abrir-se para uma nova experiência. Um programa formal de orientação em áudio para este esquema de meia hora está disponível no CD que acompanha este livro.

É claro, você pode meditar por mais de meia hora sempre que assim desejar. E, também, mais de uma vez por dia, se tiver tempo. Um detalhe parece muito importante: concentre-se apenas nessa meditação durante a sessão do dia. Procure, todos os dias, fazer uma pausa e enfocar seu íntimo para estabelecer o hábito duradouro de dedicar-se pelo menos durante algum tempo ao seu empreendimento espiritual.

Meditação de Dez Minutos

Paralelamente à meditação principal — ou, talvez, como meditação principal —, você dispõe de uma forma curta de dez minutos que pode ser muito benéfica e agradável uma ou mais vezes ao dia. No esquema de dez minutos, você reserva seis respirações para cada expansão, pronunciando a respectiva frase de enfoque uma ou duas vezes durante o primeiro par de respirações e depois permanecendo em silêncio durante as seguintes, antes de passar para a próxima. Após a sétima expansão, poderá simplesmente "ficar na bem-aventurança" pelo prazo que quiser ou então voltar ao princípio e concentrar-se na expansão que mais o esteja atraindo no momento. No CD, você encontrará um programa de orientação especial para esse esquema.

MEDITAÇÃO DE DOIS MINUTOS

Sempre que você tiver apenas dois minutos livres, recomendo-lhe sinceramente que faça uma pausa e apenas profira as sete frases de enfoque, uma depois da outra. Reserve uma ou duas respirações para cada uma das frases, prestando toda a atenção nas expansões durante um curto, mas valioso lapso de tempo. Verá que, quanto mais vivenciar cada expansão em meditações de formato maior, mais profunda e rapidamente conseguirá deslocar a atenção em formatos menores. É bastante notável o modo como aprendemos a mergulhar em meditação profunda depois de praticar um pouquinho e repetir a experiência. Em apenas dois minutos você poderá expandir rapidamente sua consciência para além dos padrões mentais costumeiros e alcançar uma instância espiritual mais lúcida e agradável naquilo que estiver fazendo. Desse modo, lançará sobre seu ambiente uma luz compassiva mais brilhante, da qual todos os que o cercam acabarão por beneficiar-se.

MINIMEDITAÇÃO

Quando não dispuser nem mesmo de dois minutos, você notará que apenas trinta segundos de meditação, algumas vezes ao dia, podem transformar sua experiência de vida. Se você simplesmente se conceder tempo bastante para prestar atenção à respiração e dizer "Estou respirando livremente", essa rápida expansão para a plena percepção do ato respiratório despertará a consciência total do seu corpo. Conforme exploramos no Capítulo 1, você consegue transformar seu dia quando atenta para a respiração. Não importa o que faça ou com quem esteja. E ninguém precisa saber o que está acontecendo... apenas consagre trinta segundos à tarefa de entrar em sintonia com sua respiração, seu coração ... e você despertará a totalidade de seu ser para a força e o prazer do momento atual.

Pare e Reflita

Talvez você queira parar agora por alguns instantes, colocar este livro de lado, prestar atenção à sua respiração... e descobrir como seria dedicar ao menos um ou mais períodos de tempo, diariamente e pelo resto da vida, à tentativa de instaurar uma consciência superior em sua rotina ... observe seu coração ... você quer mesmo tornar-se um ser mais espiritualizado? ... está disposto a disciplinar-se o suficiente para dominar a prática da meditação diária?

Programa de Treinamento de Três Semanas

O primeiro passo para você memorizar mais rapidamente as sete expansões e familiarizar-se com elas consiste em voltar ao começo do livro e reservar três dias a cada capítulo e expansão meditativa. Dentro desse quadro formal de tempo, e na dependência de uma firme dedicação à estrutura de aprendizado prevista, você conseguirá aprofundar todos os aspectos das sete meditações e, verdadeiramente, apropriar-se delas.

O tempo total de dedicação exigido por este programa de treinamento é 21 dias. Você talvez prefira reservar meia ou uma hora diária para ler o capítulo em que estiver interessado e praticar a meditação em profundidade.

Resumindo

Estamos agora prestes a chegar ao final do livro e você dará os últimos passos para dominar as meditações aqui apresentadas e apropriar-se delas. Para concluir, direi de forma muito simples o que penso termos aprendido juntos.

Vimos que todos os sete mestres espirituais selecionados ensinaram seus seguidores a utilizar os próprios poderes de atenção de modos especiais, a fim de despertar esferas mais profundas de consciência. Todos mostraram que a mente crítica provoca sofrimento e que a mente serena conduz ao despertar e à paz interior.

Além disso, eles enfatizaram unanimemente que só pela aceitação plena da realidade tal como ela é no momento atual, amando-nos e aceitando-nos tal como somos, conseguimos alcançar níveis mais elevados de consciência e lucidez espiritual. Finalmente, eles concordaram em que precisamos abrir o coração e a mente para a sabedoria e o toque curativo da Consciência Superior, para descobrir quem de fato somos e nossa natureza abençoada.

Você agora já conhece os modos específicos de seguir os ensinamentos dos mestres espirituais do mundo todo, com respeito à meditação, e ter sua própria experiência das sete expansões. Você dispõe de um sistema de apoio em áudio que o estimulará sempre que necessitar de ajuda. Dispõe também de acesso instantâneo a uma comunidade espiritual onde fará novos amigos e explorará caminhos que se abrirão à medida que sua jornada espiritual continuar.

Quero agora concluir com um maravilhoso texto taoísta que Alan Watts me deu a conhecer. Ele completa nossa discussão com perfeita simetria.

Antiga Meditação Taoísta

Fecho os olhos
E vejo claramente...

Deixo de tentar ouvir
E ouço a verdade...

Permaneço em silêncio
E meu coração canta...

Não busco contato
E encontro união...

Fico parado
E vou adiante...

Sou suave
E não preciso de força...

Sou humilde
E continuo inteiro...

Meditações Resumidas

Concentração na Respiração

Experimente sensações respiratórias no nariz...
E movimentos no peito e no abdome...
Estou respirando livremente...

Para Serenar a Mente

Observe a respiração e os batimentos cardíacos ao mesmo tempo...
Expanda a percepção para ouvir os sons...
Minha mente está serena...

Para Aceitar a Verdade

Você está em paz... ou sofrendo?...
Pare de julgar... aceite a situação atual...
Aceito o mundo tal como ele é...

O Despertar do Coração

Você está se julgando?...
Abra-se para o influxo do amor incondicional...
Eu me amo assim como sou...

Cura Emocional

Analise e aceite as emoções... tenha fé...
Deixe que os sentimentos se harmonizem...
Meu coração está pronto... para receber... a cura de Deus...

A Lembrança de Si mesmo

Ouça os sons... contemple tudo ao mesmo tempo...
Observe a fonte interior da sua consciência...
Sei quem eu sou...

A Experiência da Bem-aventurança

Permita-se...
Abra-se para a intuição e a paixão...
Estou aqui... agora... em estado de bem-aventurança...

Grupos de Apoio

A meditação é, em grande parte, uma experiência solitária na qual olhamos para dentro de nós mesmos a fim de encontrar o âmago de nosso ser. Entretanto, meditar em grupo é também um meio excelente, universalmente reconhecido e praticado, de compartilhar consciência e atenção.

Orientação em Áudio

Como você certamente percebeu ao longo do livro, a orientação em áudio do nosso sistema de treinamento em meditação pode revelar-se muitíssimo importante. As discussões aqui contidas ajudarão você a desenvolver uma sólida compreensão conceitual dos princípios e técnicas para aquietar a mente à vontade. Algumas pessoas precisarão apenas de orientação escrita quanto às técnicas de domínio dos programas.

No entanto, muitas outras enfrentam certa dificuldade ao lidar com instruções escritas. Quase todos já passamos pela experiência de ler um livro inspirador, da lavra de um hábil mestre espiritual, e sentir-nos frustrados na tentativa de absorver as técnicas pela simples leitura. Afinal de contas, o autor com toda a certeza as aprendeu ouvindo seu próprio mestre repeti-las muitas e muitas vezes. Além disso, um mestre elabora suas variações sobre antigos temas de meditação orientando repetidamente seus discípulos — de viva voz, não por escrito.

Durante anos, escrevendo textos espirituais e psicológicos, enfrentei a questão de como melhor servir a meus leitores no processo de aprendizado. De que modo conseguirá você cerrar os olhos, suspender a leitura e ouvir diretamente minha voz orientando-o com paciência ao longo do processo de aprendizado até que de fato domine a meditação?

Curiosamente, a tecnologia nos dá a resposta. Agora que a voz é uma realidade para todos nos meios eletrônicos, você poderá ouvir minhas instruções sobre as meditações deste livro apenas ouvindo o CD que acompanha este livro. Esse novo formato para divulgar programas de orientação em áudio, que possibilita acesso instantâneo à parte de orientação oral de meu trabalho, é verdadeiramente excitante: combina o texto escrito, ainda essencial porque oferece os conceitos básicos necessários à compreensão de uma nova experiência, com o acesso instantâneo à orientação em áudio que regularmente proporciono a meus alunos e clientes.

Programas Avançados

O segredo da meditação é meditar da maneira mais simples possível. Ao mesmo tempo, depois que você meditou por um período considerável, muitas vezes descobre que está pronto para uma variação do tema geral ou para uma aplicação específica do programa de meditação a uma necessidade particular.

No curso dos anos, desenvolvi inúmeros programas de meditação paralelos ao dos *Sete Mestres* que oferecem novos vislumbres de nossa natureza espiritual profunda. Alguns desses programas foram gravados; no *site* www.7masters.com, você poderá ouvi-los à vontade, descobrir aquele que mais o interessa no momento e começar a dominar a nova meditação.

Dou-lhe as boas-vindas a essa duradoura exploração de seu potencial meditativo. Você encontrará também técnicas de cura psicológica baseadas em meu texto *Quiet Your Mind* [Tranqüilize Sua Mente] e em outros programas de auto-ajuda, os quais o auxiliarão a determinar quais problemas emocionais estão comprometendo sua experiência de meditação.

De manhã, ao acordar, você naturalmente se dispõe a enfrentar o novo dia tendo em mira um interesse ou problema que precisará ser investigado ou resolvido. Elaborei o sistema de apoio *on-line* em www.johnselby.com a fim de ajudá-lo quando você estiver sob forte pressão e oferecer uma sessão (ou sessões) de orientação para proporcionar-lhe alívio e lucidez. Aproveite esses programas sempre que quiser!

Baseado em informações eletrônicas e escritas sobre experiências com as meditações de *Sete Mestres*, estou também desenvolvendo programas especiais para atender às suas necessidades e ampliar sua vivência meditativa.

Referências

Capítulo 1: Concentração na Respiração — Patanjali

A. H. Almaas, *Being and the Meaning of Life* (Berkeley, CA: Almaas Publishing, 1990).

Sri Aurobindo, *The Adventure of Consciousness* (Pondicherry, India: Sri Aurobindo Trust, 1968.

Joachim-Ernst Berendt, *Nada Brahma: The World of Sound* (Rochester, VT: Destin Books, 1987). [*Nada Brahma — A Música e o Universo da Consciência*, Editora Cultrix, São Paulo, 1993.]

Bernard Bouanchaud, *The Essence of Yoga: A New Translation and Reflections on the Yoga Sutras of Patanjali* (Portland, OR: Rudra Press, 1997).

Ram Dass, *Journey of Awakening: A Meditator's Handbook* (Nova York: Bantam Books, 1978).

Eknath Easwaran, trad., *The Upanishads* (Tomales, CA: Nilgiri Press, 1987).

Evans-Wentz, W. Y., *Tibetan Yoga and Sacred Doctrines, or Seven Books of Wisdom of the Great Path, According to the Late Lama Kazi Dawa-Samdup* (Oxford: Oxford University Press, 1935, 1958).

Edward Gendlin, *Focusing* (Nova York: Bantam, 1981).

Hazrat Inayat Khan, *The Mysticism of Sound and Music* (Boston: Shambhala, 1996).

Ann Myren e Dorothy Madison, orgs., *Living at the Source: Yoga Teachings of Vivekananda* (Boston: Shambhala, 1993).

Andrew Newberg e Eugene D'Aquili, M. D., *Why God Won't Go Away* (Nova York: Ballantine, 2001).

Simon Pinker, *How the Mind Works* (Nova York: W. W. Norton, 1997).

Larry Rosenberg, *Breath by Breath: Insight Meditation* (Boston: Shambhala, 1998).

Rabindranath Tagore, *The Religion of Man* (Londres: George Allen, 1953).

William Teasdale, *The Mystic Heart: Discovering a Universal Spirituality in the World's Religions* (Novato, CA: New World Library, 1999).

Paramahansa Yogananda, *Autobiography of a Yogi* (Los Angeles: Self-Realization Fellowship, 1987).

Ekhard Tolle, *The Power of Now: A Guide to Spiritual Enlightenment* (Novato, CA: New World Library, 1999).

S. Yoga Venkatesananda, *Vasistha's Yoga* (Albany: State University of New York Press, 1993).

CAPÍTULO 2: PARA SERENAR A MENTE — LAO TZU

John Austin, *Zen and the Brain: Toward an Understanding of Meditation and Consciousness* (Cambridge, MA: MIT Press, 1998).

Hubert Benoit, *The Supreme Doctrine* (Nova York: Pantheon, 1955). [*A Doutrina Suprema*, Editora Pensamento, São Paulo, 1992.]

John Blofeld, *The Teachings of Huang Po* (Nova York: Grove Press, 1970).

Thomas Cleary, *The Essential Tao* (Nova York: HarperCollins, 1991).

Elwood Conze, *Buddhism: Its Essence and Development* (Oxford: Cassirer, 1953).

Eugen Herrigel, *Zen and the Art of Archery* (Baltimore: Penguin, 1960). [*A Arte Cavalheiresca do Arqueiro Zen*, Editora Pensamento, São Paulo, 1984.]

Christmas Humphreys, *Zen Buddhism* (Londres: Heinemann, 1949).

Philip Kapleau, *Three Pillars of Zen* (Boston: Beacon Press, 1968).

Thomas Merton, *Mystics and Zen Masters* (Nova York: Farrar, Straus and Giroux, 1967).

Stephen Mitchell, org., *The Enlightened Heart: An Anthology of Sacred Poems* (Nova York: Harper and Row, 1989).

Andrew Newberg e Eugene D'Aquili, *Why God Won't Go Away: Brain Science and the Biology of Belief* (Nova York: Ballantine Books, 2001).

D. T. Suzuki, *Essays in Zen Buddhism* (Londres: Rider, 1951).

Shunryu Suzuki, *Zen Mind, Beginner's Mind: Informal Talks on Meditation and Practice* (Nova York: Weatherhill, 1970).

Alan Watts, *Still the Mind: An Introduction to Meditation* (Novato, CA: New World Library, 2000).

_____. *The Book on the Taboo Against Knowing Who You Are* (Nova York: Random House, 1966, 1989).

_____. *The Spirit of Zen* (Londres: Murray, 1955). [*O Espírito do Zen*, Editora Cultrix, São Paulo, 1988.]

Henry Wei, *The Guiding Light of Lao Tzu: A New Translation of the "Tao Te Ching"* (Wheaton, IL: Theosophical Publishing House, 1988).

Capítulo 3: Para Aceitar a Verdade — Buda

Gunarantana Bhante, *Mindfulness in Plain English* (Boston: Wisdom Publications, 1993).

Lama Surya Das, *Awakening the Buddha Within: Tibetan Wisdom for the Western World* (Nova York: Broadway Books/Bantam Doubleday, 1997).

Joseph Goldstein, *Insight Meditation: The Practice of Freedom* (Boston: Shambhala, 1994).

Jon Kabat-Zinn, *Wherever You Go, There You Are: Mindfulness Meditation in Everyday Life* (Nova York: Hiperion, 1994).

Jack Kornfield, *A Path with Heart* (Nova York: Bantam, 1993). [*Um Caminho com o Coração*, Editora Cultrix, São Paulo, 1995.]

Stephen Levine, *A Gradual Awakening* (Nova York: Doubleday, 1979). [*Um Despertar Gradual*, Editora Pensamento, São Paulo, 1992.]

Thich Nhat Hanh, *Present Moment, Wonderful Moment* (Berkeley, CA: Parallax, 1990).

_____. *Breathe: You Are Alive: Commentaries on "The Sutra on the Full Awareness of Breathing"* (Berkeley, CA: Parallax Press, 1988).

Nyamgal Rinpoche, *The Breath of Awakening* (Kinmet, Ontario: Bodhi, 1992).

Sharon Salzberg, *A Heart as Wide as the World: The Path of Lovingkindness* (Boston: Shambhala, 1999).

Nanamoli Thera, *Mindfulness of Breathing* (Sri Lanka: Buddhist Publication Society, 1982).

Chogyam Trungpa, *Shambhala: The Sacred Path of the Warrior* (Boston: Shambhala, 1984). [*Shambala — A Trilha Sagrada do Guerreiro*, Editora Cultrix, São Paulo, 1992.]

John Welwood, *Awakening the Heart* (Boston: Shambhala, 1983).

CAPÍTULO 4: O DESPERTAR DO CORAÇÃO — JESUS

Jacques Beevers, *The Autobiography of St. Therese of Lisieux* (Nova York: Doubleday, 1971).

Christopher Bryant, *Jung and the Christian Way* (Londres: Darton, 1983).

Andrew Harvey, *Son of Man: The Mystical Path to Christ* (Nova York: Jeremy Tarcher/Putnam, 1998).

W. R. Inge, *Christian Mysticism* (Nova York: Meridian Books, 1956).

William James, *The Varieties of Religious Experience* (Nova York: University Books, 1963).

Byron Katie, *Loving What Is* (Nova York: Random House, 2002).

C. S. Lewis, *Mere Christianity* (Nova York: Macmillan, 1943).

D. C. Matt, *The Essential Kabbalah* (San Francisco: HarperSanFranscisco, 1997).

Thomer Merton, *Contemplative Prayer* (Nova York: Doubleday, 1969).

Stephen Mitchell, org., *The Enlightened Mind: An Anthology of Sacred Prose* (Nova York: HarperCollins, 1991).

Joan Oliver, *Contemplative Living* (Nova York: Omega/Dell, 2000).

Evelyn Underhill, *The Mystics of the Church* (Nova York: Schoken, 1964).

CAPÍTULO 5: CURA EMOCIONAL — MAOMÉ

Tor Andrae, *Mohammed and His Faith* (Mineola, NY: Dover, 1955, 1999).

Thomas Cleary, trad., *The Essential Koran: The Heart of Islam* (San Francisco: HarperSanFrancisco, 1993).

David Cooper, *God Is a Verb* (Nova York: Riverhead Books, 1997).

Kabir Helminski, *The Knowing Heart: A Sufi Path of Transformation* (Boston: Shambhala, 1999).

Robert Nicholson, *The Mystics of Islam* (Londres: Routledge Press, 1963).

Neal Robinson, *Islam: A Concise Introduction* (Washington, DC: George Washington University Press, 1999).

CAPÍTULO 6: A LEMBRANÇA DE SI MESMO — GURDJIEFF

Martin Buber, *Tales of the Hasidim* (Nova York: Schoken, 1947).

Sophie Burnham, *The Ecstatic Journey* (Nova York: Ballantine, 1997).

Carlos Castañeda, *Journey to Ixlan* (Nova York: Ballantine, 1972).

_____. *A Separate Reality* (Nova York: Ballantine, 1972).

Vivianne Crowley, *Jungian Spirituality* (Nova York: HarperCollins, 1998).

Sigmund Freud, *The Future of an Illusion* (Nova York: W. W. Norton, 1927).

G. I. Gurdjieff, *Meetings with Remarkable Men* (Nova York: Penguin Arcana, 1963). [*Encontros com Homens Notáveis*, Editora Pensamento, São Paulo, 1980.]

Carl Jung, *Memories, Dreams, Reflections* (Nova York: Fonte, 1995).

Peter Russell, *Waking up in Time* (Novato, CA: Origin Press, 1998).

Robert Segal, *The Gnostic Jung* (Princeton, NJ: Princeton University Press, 1993).

Rami Shapiro, *Wisdom of the Jewish Sages: Pirke Avot* (Nova York: Harmony Books, 1993).

Gary Snyder, *The Practice of the Wild* (Nova York: Farrar, Straus and Giroux, 1990).

CAPÍTULO 7: A EXPERIÊNCIA DE BEM-AVENTURANÇA — KRISHNAMURTI

David Bohm, *Wholeness and the Implicate Order* (London: Routledge and Kegan Paul, 1980). [*A Totalidade e a Ordem Aplicada*, Editora Cultrix, São Paulo, 1992.]

Albert Einstein, *Out of My Later Years* (Nova York: Philosophical Library, 1950).

Mircea Eliade, *The Sacred and the Profane* (Nova York: Harcourt Brace, 1957).

Aldous Huxley, *The Perennial Philosophy* (Nova York: Meridian, 1970). [*A Filosofia Perene*, Editora Cultrix, São Paulo, 1991.]

J. Krishnamurti, *The Brockwood Talks* (Berkeley, CA: Shambhala, 1970).

_____. *The Awakening of Intelligence* (Nova York: Harper and Row, 1973).

J. Krishnamurti e David Bohm, *The Limits of Thought* (Nova York: Routledge Press, 1999).

Claudio Naranjo, *The Psychology of Meditation* (Nova York: Viking Press, 1971).

Carl Rogers, *On Becoming a Person* (Boston: Houghton Mifflin, 1961).

Bertrand Russell, *Mysticism and Logic* (Nova York: Anchor Books, 1957).

Radha Rajagopal Sloss, *Lives in the Shadow with J. Krishnamurti* (Nova York: Bloomsbury Press, 1991).

Paul Tillich, *Systematic Theology* (Chicago: University of Chicago Press, 1963).